D0443737

DJ

COLLECTION DECOUVERTE CADET

Dans la même collection

© Éditions Gallimard, 1984
© Éditions du Seuil, 1945, pour *J'ai lié ma botte* et *Colchiques* de F. Cockenpot
© Éditions Foetisch pour *Le vieux chaler* de Joseph Bovet
1er dépôt légal : novembre 1984. Dépôt légal : octobre 1999
Numéro d'édition : 93755
ISBN : 2-07-039516-2
Loi n° 49-956 du 16 juillet 1949 sur les publications destinées à la jeunesse
Imprimé en Italie par Editoriale Lloyd

LE PREMIER LIVRE DES CHANSONS DE FRANCE

COLLECTION DECOUVERTE CADET

Texte de Pierre Chaumeil
Illustrations de Roland Sabatier

GALLIMARD

Note de l'éditeur: pour éviter les répétitions inutiles, à partir du troisième couplet, nous ne mentionnons plus les « bis » ou « ter » ou toutes choses que l'exemple des deux premiers couplets suffisent à faire comprendre.

Ce livre

appartient à

....

Sommaire

Sommaire

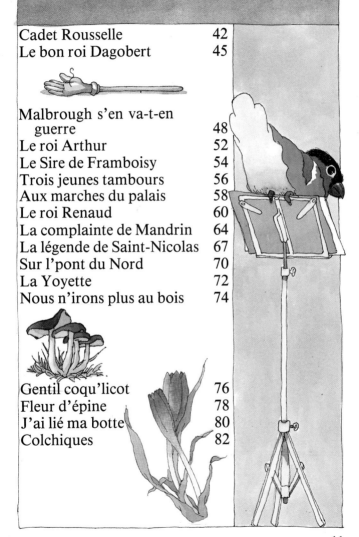

11

Sommaire

Sommaire

Ainsi font, font, font

Ain- si font, font, font Les pe- ti- tes ma- rion-

-net- tes, Ain- si font, font, font Trois p'tits tours et puis s'en vont. *FIN*

Les mains aux cô- tés, Sau- tez, Sau- tez, ma- rion- net- tes, Les mains

aux cô- tés, Ma- rion- nettes re- com- men- cez. *D.C.*

Ronde du XVᵉ siècle dans laquelle on ne parlait pas de marionnettes, mais de gentes demoiselles.

Ainsi font, font, font
Les petites marionnettes,
Ainsi font, font, font
Trois p'tits tours et puis s'en vont.

Les mains aux côtés,
Sautez, sautez marionnettes,
Les mains aux côtés,
Marionnettes recommencez.

Ainsi font, font, font
Les petites marionnettes,
Ainsi font, font, font
Trois p'tits tours et puis s'en vont.

J'ai du bon tabac

J'ai du bon ta- bac dans ma ta- ba- tiè- re, J'ai du bon ta- -bac, tu n'en au- ras pas. J'en ai du fin et du bien râ- pé, Mais ce n'est pas pour ton vi- lain nez.

J'ai du bon tabac dans ma tabatière,
J'ai du bon tabac, tu n'en auras pas.
J'en ai du fin et du bien râpé,
Mais ce n'est pas pour ton vilain nez.
J'ai du bon tabac dans ma tabatière,
J'ai du bon tabac, tu n'en auras pas.

Ces paroles sont de l'abbé Gabriel Charles de l'Atteignant, né à Paris en 1697, écrivain et poète.

Frère Jacques

Canon à quatre voix
Première voix

Frè - re Jac- ques,

Deuxième voix

Dor- mez vous?

Troisième voix

Son- nez les ma- ti - nes !

Quatrième voix

Dig, ding, dong !

Ce canon à quatre voix a certainement été composé au XVIIᵉ siècle.

Frère Jacques, *(bis)*
Dormez-vous ? *(bis)*
Sonnez les matines ! *(bis)*
Dig, ding, dong ! *(bis)*

Meunier, tu dors

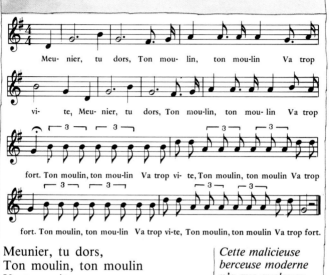

Meu- nier, tu dors, Ton mou- lin, ton mou-lin Va trop

vi- te, Meu- nier, tu dors, Ton mou-lin, ton mou- lin Va trop

fort. Ton moulin, ton mou-lin Va trop vi- te, Ton moulin, ton moulin Va trop

fort. Ton moulin, ton mou-lin Va trop vi-te, Ton moulin, ton moulin Va trop fort.

Meunier, tu dors,
Ton moulin, ton moulin
Va trop vite,
Meunier, tu dors,
Ton moulin, ton moulin
Va trop fort.
Ton moulin, ton moulin
Va trop vite,
Ton moulin, ton moulin
Va trop fort.

} *(bis)*

Cette malicieuse berceuse moderne n'a que quelques dizaines d'années.

Vent frais

Vent frais, vent du ma- tin, Sou- le- vant le som-met des grands pins,

Joie du vent qui souffle, al- lons dans le grand

Canon à trois voix

Un canon à trois voix qui a été composé voilà une trentaine d'années seulement.

Vent frais, vent du matin,
Soulevant le sommet des grands pins,
Joie du vent qui souffle, allons dans le grand
Vent frais...

Le carillonneur

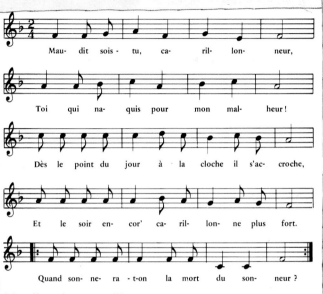

Maudit sois-tu, carillonneur,
Toi qui naquis pour mon malheur !
Dès le point du jour à la cloche il
   s'accroche,
Et le soir encor' carillonne plus fort.
Quand sonnera-t-on la mort du
   sonneur ?

Canon à cinq voix

Un carillon était à l'origine un ensemble de quatre cloches destinées à être sonnées ensemble selon un rythme mélodieux.

Savez-vous planter les choux

1. Sa- vez - vous plan- ter les choux, A la mo- de, à la

mo- de, Sa- vez - vous plan- ter les choux, A la mode de chez nous ?

Le chou était, bien avant la pomme de terre, le principal légume dont se nourrissaient nos ancêtres. D'où le succès de cette ancienne ronde.

Savez-vous planter les choux,
A la mode, à la mode,
Savez-vous planter les choux,
A la mode de chez nous ?

On les plante avec le doigt,
A la mode, à la mode,
On les plante avec le doigt,
A la mode de chez nous.

On les plante avec le pied.

On les plante avec le genou.

On les plante avec le coude.

On les plante avec le nez.

On les plante avec la tête.

Le pont d'Avignon

Refrain

Sur le pont d'A- vi- gnon, On y dan- se, on y

FIN

dan- se, Sur le pont d'A- vi- gnon, On y dan- se tout en rond.

1. Les bell's dam's font comm' ça, Et puis en- cor' comm' ça.

Refrain
Sur le pont d'Avignon,
On y danse, on y danse,
Sur le pont d'Avignon,
On y danse, tout en rond.

Les bell's dam's font comm' ça,
Et puis encor' comm' ça.

Les beaux messieurs font comm' ça,
Et puis encor' comm' ça.

Les cordonniers font comm' ça,
Et puis encor' comm' ça.

Les blanchisseuses font comm' ça,
Et puis encor' comm' ça.

*Le pont d'Avignon a été construit au XII*e* siècle. La chanson-danse qui le célèbre est très ancienne.*

Au clair de la lune

1. Au clair de la lu - ne, Mon a - mi Pier - rot,
Prê - te - moi ta plu - me, Pour é - crire un

mot. Ma chan- delle est mor - te, Je n'ai plus de

feu, Ou- vre- moi ta por - te, Pour l'a- mour de Dieu.

On attribue généralement la musique de cette chanson populaire à Jean-Baptiste Lulli, né à Florence en 1632. Lulli vécut toute sa vie en France, et créa l'opéra de style français. Au clair de la lune *est très certainement la plus célèbre des chansons enfantines. Sa mélodie a même été reprise dans plusieurs opéras.*

Au clair de la lune,
Mon ami Pierrot,
Prête-moi ta plume
Pour écrire un mot.
Ma chandelle est morte,
Je n'ai plus de feu,
Ouvre-moi ta porte,
Pour l'amour de Dieu.

Au clair de la lune,
Pierrot répondit :
- Je n'ai pas de plume,
Je suis dans mon lit.
Va chez la voisine,
Je crois qu'il y est,
Car dans sa cuisine
On bat le briquet.

Au clair de la lune,
On n'y voit qu'un peu :
On cherche la plume,
On chercha le feu.
En cherchant d'la sorte
Je n'sais c'qu'on trouva,
Mais j'sais que la porte
Sur eux se ferma.

Variante
Au clair de la lune
Pierrot se rendort.
Il rêve à la lune,
Son cœur bat bien fort ;
Car toujours si bonne
Pour l'enfant tout blanc,
La lune lui donne
Son croissant d'argent.

23

C'est la mèr' Michel

C'est la mèr' Michel qui a perdu son chat. Qui crie par la fenêtr' à qui le lui rendra. C'est le pèr' Lustucru qui lui a répondu : Allez, la mèr' Michel, vot' chat n'est pas perdu. Sur l'air du tralala, Sur l'air du tralala, Sur l'air du tradéridéra, Et tralala.

Cette chanson est à la mode depuis 1820. Mais si les paroles en sont relativement récentes, l'air est plus ancien puisqu'il avait servi à chanter, au XVIIᵉ siècle, les louanges du Maréchal de Catinat, l'un des meilleurs capitaines

C'est la mèr' Michel qui a perdu son chat.
Qui crie par la fenêtr' à qui le lui rendra.
C'est le pèr' Lustucru qui lui a répondu :
Allez, la mèr' Michel, vot' chat n'est pas perdu.

Refrain
Sur l'air du tralala, *(bis)*
Sur l'air du tradéridéra,
Et tralala.

C'est la mèr' Michel qui lui a demandé :

Mon chat n'est pas perdu, vous l'avez donc trouvé.
C'est le pèr' Lustucru qui lui a répondu :
Donnez une récompense, il vous sera rendu.

C'est la mèr' Michel qui dit : C'est décidé,
Rendez-moi donc mon chat, vous aurez un baiser.
Mais le pèr' Lustucru qui n'en a pas voulu
Lui dit : Pour un lapin, votre chat est vendu.

de Louis XIV, qui était adoré de ses soldats. Par la suite, les militaires adaptèrent très souvent d'autres paroles à cet air.

Prom'nons-nous dans les bois

Prom'nons-nous dans les bois Pen-dant que le loup y'est pas Si le loup y'é- tait Il nous man- ge- rait, Mais comm' il n'y'est pas, Il nous mang'- ra pas. Loup y'es- . tu ? Que fais- tu ? En- tends- tu ? Je mets ma che-mise !

Tous

- Prom'nons-nous dans les bois
Pendant que le loup y'est pas
Si le loup y'était
Il nous mangerait,
Mais comm' il n'y'est pas
Il nous mang'ra pas.
Loup y'es-tu ?
Que fais-tu ?
Entends-tu ?

Le loup

- Je mets ma chemise.

Tous

- Prom'nons-nous dans les bois
Pendant que le loup y'est pas
Si le loup y'était
Il nous mangerait…

Le loup

- Je mets ma culotte !

- Je mets ma veste !

- Je mets mes chaussettes !

- Je mets mes bottes !

- Je mets mon chapeau !

- Je mets mes lunettes ! etc.

- Je prends mon fusil ! J'arrive.

Tous

- Sauvons-nous !

Une chanson-jeu, composée vers le XVIIe siècle.

27

Ah ! tu sortiras, biquette

Bi- quett' ne veut pas sor- tir du chou : Ah ! tu sor- ti- ras, Bi- quet- te, Bi- quet- te, Ah ! tu sor- ti- ras de ce choux - là !

1. On en-voie cher-cher le chien, A- fin de mor-dre Biquett'. Le chien ne veut pas mor-dre Bi- quett', Bi-quett' ne veut pas sor- tir du chou : Ah ! tu sor- ti- ras, Bi- quet-te, Bi- quet- te, Ah ! tu sor- ti- ras de ce chou - là !

Une chanson à récapitulation. Ce genre se retrouve dans les folklores très anciens comme ceux de la Grèce antique, de Kabylie et de Hongrie.

Refrain

Biquett' ne veut pas sortir du chou :
Ah ! tu sortiras, Biquette, Biquette,
Ah ! tu sortiras de ce chou-là !

On envoie chercher le chien,
Afin de mordre Biquett'.
Le chien ne veut pas mordre Biquett'.

On envoie chercher le loup,
Afin de manger le chien.
Le loup ne veut pas manger le chien,
Le chien ne veut pas mordre Biquett'.

On envoie chercher l'bâton,
Afin d'assommer le loup.
Le bâton n'veut pas assommer le
    loup,
Le loup ne veut pas manger le chien.

On envoie chercher le feu,
Afin de brûler l'bâton.
Le feu ne veut pas brûler le bâton,
Le bâton n'veut pas assommer le
    loup.

On envoie chercher de l'eau,
Afin d'éteindre le feu.
L'eau ne veut pas éteindre
    le feu,
Le feu ne veut pas brûler
    le bâton.

On envoie chercher le veau,
Pour lui faire boire l'eau,
Le veau ne veut pas boire
    l'eau,
L'eau ne veut pas éteindre
    le feu.

On envoie chercher l'boucher,
Afin de tuer le veau.
Le boucher n'veut pas tuer
    le veau,
Le veau ne veut pas boire l'eau.

On envoie chercher le diabl'
Pour qu'il emport' le boucher.
Le diable veut bien emporter
    l'boucher.

29

Ah ! tu sortiras, biquette

Le boucher veut bien tuer le veau,
Le veau veut bien boire l'eau,
L'eau veut bien éteindre le feu,
Le feu veut bien brûler le bâton,
Le bâton veut bien assommer le loup,
Le loup veut bien manger le chien,
Le chien veut bien mordre Biquett',
Biquett' veut bien sortir du chou :
Ah ! tu es sortie de ce chou-là !

Il était un petit navire

1. Il é- tait un pe- tit na- vi- re, Il é- tait un pe- tit na- vire, Qui n'a- vait ja- ja- ja-mais na- vi- gué, Qui n'a- vait ja- ja- ja-mais na- vi- gué, O- hé ! O- hé ! O- hé ! O- hé ! Ma- te- lot, Ma- te- lot na- vi- gue sur les flots ——— O- hé, O- -hé ! Ma- te- lot, Ma- te- lot na- vi- gue sur les flots.

Refrain

Il était un petit navire, *(bis)*
Qui n'avait ja-ja-jamais navigué,
Qui n'avait ja-ja-jamais navigué,
Ohé ! Ohé !

      Refrain
Ohé ! Ohé ! Matelot,
Matelot navigue sur les flots
Ohé ! Ohé ! Matelot,
Matelot navigue sur les flots.

Il partit pour un long voyage, *(bis)*
Sur la mer Mé-Mé-Méditerranée,
Sur la mer Mé-Mé-Méditerranée,
Ohé ! Ohé !

Il était un petit navire

Cette chanson parmi les plus populaires du répertoire traditionnel, était à l'origine - peut-être dès le XVIᵉ siècle -, une chanson à caractère tragique et légendaire, où il était question d'un vaisseau fantôme qui ne pouvait aborder. Dans cette version, elle était

Au bout de cinq à six semaines,
Les vivres vin-vin-vinrent à manquer,
Ohé ! Ohé !

On tira z'a la courte paille,
Pour savoir qui-qui-qui serait
        mangé,
Ohé ! Ohé !

Le sort tomba sur le plus jeune,
C'est donc lui qui-qui-qui sera
        mangé,
Ohé ! Ohé !

On cherche alors à quelle sauce,
Le pauvre enfant-fant-fant sera
        mangé,
Ohé ! Ohé !

L'un voulait qu'on le mit à frire,
L'autre voulait-lait-lait le fricasser,
Ohé ! Ohé !

Pendant qu'ainsi l'on délibère,
Il monte en haut-haut-haut du grand
        hunier,
Ohé ! Ohé !

Il fait au ciel une prière,
Interrogeant-geant-geant
        l'immensité,
Ohé ! Ohé !

Mais regardant la mer entière,
Il vit des flots-flots-   flots
        de tous côtés,
Ohé ! Ohé !

Oh ! sainte Vierge ma patronne,
Cria le pau-pau-pauvre infortuné,
Ohé ! Ohé !

Si j'ai péché, vite pardonne,
Empêche-les de-de-de me manger,
Ohé ! Ohé !

Au même instant un grand miracle,
Pour l'enfant fut-fut-fut réalisé,
Ohé ! Ohé !

Des p'tits poissons dans le navire,
Sautèrent par-par-par et par milliers,
Ohé ! Ohé !

On les prit, on les mit à frire,
Le jeune mou-mou-mousse fut sauvé,
Ohé ! Ohé !

Si cette histoire vous amuse,
Nous allons la-la-la recommencer,
Ohé ! Ohé !

couramment chantée par les matelots. L'adaptation actuelle date du milieu du XIXᵉ siècle. Elle est très connue au Portugal sous le nom de A nau Cathrineta, et il en existe même une adaptation humoristique anglaise : Little Billee.

Il était une bergère

1. Il é-tait une ber-gè-re, Et ron et ron pe-tit pa-ta-pon Il é-tait une ber-gè-re Qui gar-dait ses mou-tons, Ron ron, qui gar-dait ses mou-tons ——

Sous Louis XVI, les grands seigneurs et la reine Marie-Antoinette mirent

Il était une bergère,
Et ron et ron, petit patapon,
Il était une bergère
Qui gardait ses moutons,
Ron ron, qui gardait ses moutons.

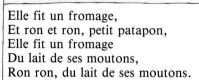

Elle fit un fromage,
Et ron et ron, petit patapon,
Elle fit un fromage
Du lait de ses moutons,
Ron ron, du lait de ses moutons.

Le chat qui la regarde,
Et ron et ron, petit patapon,
Le chat qui la regarde
D'un petit air fripon,
Ron ron, d'un petit air fripon.

Si tu y mets la patte,
Et ron et ron, petit patapon,
Si tu y mets la patte
Tu auras du bâton,
Ron ron, tu auras du bâton.

Il n'y mit pas la patte,
Et ron et ron, petit patapon,
Il n'y mit pas la patte
Il y mit le menton,
Ron ron, il y mit le menton.

La bergère en colère,
Et ron et ron, petit patapon,
La bergère en colère
Battit le p'tit chaton,
Ron ron, battit le p'tit chaton.

à la mode l'élevage des moutons qu'ils ne dédaignaient pas de diriger eux-mêmes dans des bergeries bien proprettes. C'est de cette époque que nous vient cette amusante petite ronde, qu'on chantait plus à la Cour que dans les campagnes.

Il pleut, il pleut, bergère

1. Il pleut, il pleut ber- gè- re, Ren- tre tes blancs mou-
- tons; Al- lons à ma chau- miè- re, Ber- gè- re, vite al-
- lons — J'en-tends sur le feuil- la- ge, L'eau qui coule à grand
bruit; - Voi- ci ve- nir l'o- ra- ge, Voi- ci l'é- clair qui luit.

Il pleut, il pleut, bergère,
Rentre tes blancs moutons ;
Allons à ma chaumière,
Bergère, vite allons.
J'entends sur le feuillage,
L'eau qui coule à grand bruit ;
Voici venir l'orage,
Voilà l'éclair qui luit.

Entends-tu le tonnerre ?
Il gronde en approchant ;
Prends un abri, bergère,
A ma droite, en marchant.
Je vois notre cabane,
Et, tiens, voici venir
Ma mère et ma sœur Anne
Qui vont l'étable ouvrir.

Bonsoir, bonsoir, ma mère,
Ma sœur Anne, bonsoir ;
J'amène ma bergère,
Près de vous pour ce soir.
Va te sécher, ma mie,
Auprès de nos tisons ;
Sœur, fais-lui compagnie,
Entrez, petits moutons !

Soupons, prends cette chaise,
Tu seras près de moi ;
Ce flambeau de mélèze
Brûlera devant toi ;
Goûte de ce laitage !
Mais tu ne manges pas ?
Tu te sens de l'orage,
Il a lassé tes pas.

Eh bien ! voilà ta couche,
Dors-y jusques au jour ;
Laisse-moi de ta bouche
Entendre un mot d'amour.
Ne rougis pas, bergère,
Ma mère et moi, demain,
Nous irons chez ton père
Lui demander ta main.

mois avaient reçu de nouveaux noms très évocateurs des saisons : brumaire (mois des brumes), floréal (des fleurs), fructidor (des fruits)...

Compère Guilleri

1. Il é- tait un p'tit hom- me Ap- pe- lé Guil- le-

-ri, Ca- ra- bi. Il s'en fut à la chas- se, A

Refrain

la chasse aux per- drix, Ca- ra- bi, To- to ca- ra- bo, ti-

-ti, ca- ra- bi, Com- pè- re Guil- le- ri. Te lai- ras-

tu, te lai- ras- tu, Te lai- ras- tu mou— -ri. Il

*Guilleri était le
nom de trois
frères,
brigands bretons
sous Henri IV.
Le plus jeune,
qui était le pire,
construisit
aux Essarts*

Il était un p'tit homme
Appelé Guilleri,
   Carabi.
Il s'en fut à la chasse,
A la chasse aux perdrix,
   Carabi,

     Refrain
Toto carabo, titi carabi,
Compère Guilleri.
Te lairas-tu, te lairas-tu,
Te lairas-tu mouri.

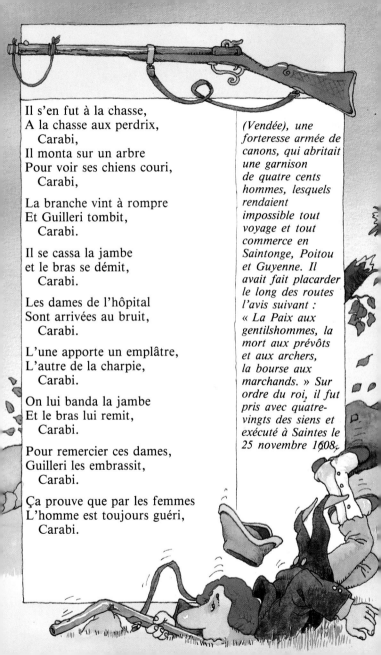

Il s'en fut à la chasse,
A la chasse aux perdrix,
  Carabi,
Il monta sur un arbre
Pour voir ses chiens couri,
  Carabi,

La branche vint à rompre
Et Guilleri tombit,
  Carabi.

Il se cassa la jambe
et le bras se démit,
  Carabi.

Les dames de l'hôpital
Sont arrivées au bruit,
  Carabi.

L'une apporte un emplâtre,
L'autre de la charpie,
  Carabi.

On lui banda la jambe
Et le bras lui remit,
  Carabi.

Pour remercier ces dames,
Guilleri les embrassit,
  Carabi.

Ça prouve que par les femmes
L'homme est toujours guéri,
  Carabi.

(Vendée), une forteresse armée de canons, qui abritait une garnison de quatre cents hommes, lesquels rendaient impossible tout voyage et tout commerce en Saintonge, Poitou et Guyenne. Il avait fait placarder le long des routes l'avis suivant : « La Paix aux gentilshommes, la mort aux prévôts et aux archers, la bourse aux marchands. » Sur ordre du roi, il fut pris avec quatre-vingts des siens et exécuté à Saintes le 25 novembre 1608.

Alouette

A- lou- et- te, gen- tille a- lou- et- te, A- lou- et- te, je te plu- me- rai. Je te plu- me- rai la tête, Je te plu-me- rai la tête, Et la tête, Et la tête, A-lou-ette, A-lou-ette Ah !

Chanson à récapitulation, originaire du Canada.

Refrain
Alouette, gentille alouette,
Alouette, je te plumerai.

Je te plumerai la tête *(bis)*
Et la tête *(bis)*
Alouette *(bis)*
Ah !

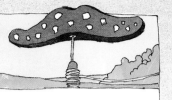

Je te plumerai le bec *(bis)*
Et le bec *(bis)*
Et la tête *(bis)*
Alouette *(bis)*
Ah !

Je te plumerai les yeux.

Je te plumerai le cou.

Je te plumerai les ailes.

Je te plumerai les pattes.

Je te plumerai la queue.

Je te plumerai le dos.

Cadet Rousselle

1. Ca- det Rous- selle a trois mai- sons, Ca- det Rous-
Qui n'ont ni pou- tres, ni che- vrons, Qui n'ont ni

- selle a trois mai- sons, C'est pour lo- ger les hi- ron- del- les,
pou- tres, ni che- vrons. Que di- rez - vous d'Ca- det Rous- sel- le ?

Ah ! Ah ! Ah ! oui, vrai- ment, Ca- det Rous- selle est bon en- fant.

La mélodie de cette chanson date des années 1780; les paroles sont

l'œuvre d'un soldat des régiments français partis en 1792 défendre en Brabant la jeune Iʳᵉ République encore bien chancelante.

Cadet Rousselle a trois maisons *(bis)*
Qui n'ont ni poutres, ni chevrons *(bis)*
C'est pour loger les hirondelles,
Que direz-vous d'Cadet Rousselle ?
Ah ! Ah ! Ah ! oui vraiment,
Cadet Rousselle est bon enfant.

Cadet Rousselle a trois habits *(bis)*
Deux jaunes, l'autre en papier
    gris *(bis)*
Il met celui-là quand il gèle,
Ou quand il pleut, ou quand il grêle
Ah ! Ah ! Ah ! oui vraiment,
Cadet Rousselle est bon enfant.

Cadet Rousselle a trois beaux yeux,
L'un r'garde à Caen, l'autre à
    Bayeux,
Comme il n'a pas la vu' bien nette,
Le troisième, c'est sa lorgnette.
Ah ! Ah ! Ah ! oui vraiment,
Cadet Rousselle est bon enfant.

Cadet Rousselle a une épé',
Très longue, mais toute rouillée.
On dit qu'ell' ne cherche querelle
Qu'aux moineaux et qu'aux
    hirondelles.
Ah ! Ah ! Ah ! oui vraiment,
Cadet Rousselle est bon enfant.

Cadet Rousselle a trois garçons,
L'un est voleur, l'autre est fripon,
Le troisième est un peu ficelle,
Il ressemble à Cadet Rousselle.
Ah ! Ah ! Ah ! oui vraiment,
Cadet Rousselle est bon enfant.

Cadet Rousselle a trois gros chiens,
L'un court au liévr', l'autre au
    lapin.
L'troisièm' s'enfuit quand on
    l'appelle,
Comm' le chien de Jean d'Nivelle.
Ah ! Ah ! Ah ! oui vraiment,
Cadet Rousselle est bon enfant.

Cadet Rousselle a trois beaux chats,
Qui n'attrapent jamais les rats.
Le troisièm' n'a pas de prunelles,
Il monte au grenier sans chandelle.
Ah ! Ah ! Ah ! oui vraiment,
Cadet Rousselle est bon enfant.

43

Cadet Rousselle

Cadet Rousselle a marié,
Ses trois filles dans trois quartiers.
Les deux premièr's ne sont pas
   belles,
La troisièm' n'a pas de cervelle.
Ah ! Ah ! Ah ! oui vraiment,
Cadet Rousselle est bon enfant.

Cadet Rousselle a trois deniers,
C'est pour payer ses créanciers.
Quand il a montré ses ressources,
Il les resserre dans sa bourse.
Ah ! Ah ! Ah ! oui vraiment,
Cadet Rousselle est bon enfant.

Cadet Rousselle ne mourra pas,
Car avant de sauter le pas,
On dit qu'il apprend l'orthographe,
Pour fair' lui-mêm' son épitaphe.
Ah ! Ah ! Ah ! oui vraiment,
Cadet Rousselle est bon enfant.

Le bon roi Dagobert

1. Le bon roi Da-go-bert A-vait sa cu-lotte à l'en-vers. Le grand saint E-loi lui dit : « O mon Roi, Vo-tre Ma-jes-té Est mal cu-lot-tée. » «C'est vrai, lui dit le roi, Je vais la re-mettre à l'en-droit.»

Le bon roi Dagobert
Avait sa culotte à l'envers.
Le grand saint Éloi lui dit :
« O mon Roi, Votre Majesté
Est mal culottée. »
« C'est vrai, lui dit le roi,
Je vais la remettre à l'endroit. »

Le bon roi Dagobert
Chassait dans la plaine d'Anvers.
Le grand saint Éloi lui dit :
« O mon Roi, Votre Majesté
Est bien essouflée. »
« C'est vrai, lui dit le roi,
Un lapin courait après moi. »

Dagobert Ier, né en l'an 602, mourut en 638, après avoir régné 16 ans sur les Francs. Pacifique de nature, il se vit contraint de faire la guerre et lutta

Le bon roi Dagobert

contre les Slaves,
les Basques,
les Bretons et
les Bulgares.
Le « bon » roi se
montra tour à tour
généreux et cruel.
Il fut toujours
intelligemment
conseillé par son
ministre saint Éloi.
La chanson
burlesque qui fut
composée sur ces

Le bon roi Dagobert
Voulait s'embarquer sur la mer.
Le grand saint Éloi lui dit :
« O mon Roi, Votre Majesté
Se fera noyer. »
« C'est vrai, lui dit le roi,
On pourra crier : le roi boit !»

Le bon roi Dagobert
Mangeait en glouton du dessert.
Le grand saint Éloi lui dit :
« O mon Roi, vous êtes gourmand,
Ne mangez pas tant. »
« C'est vrai, lui dit le roi,
Je ne le suis pas tant que toi. »

Le bon roi Dagobert
Avait un grand sabre de fer.
Le grand saint Éloi lui dit :
« O mon Roi, Votre Majesté
Pourrait se blesser. »
« C'est vrai, lui dit le roi,
Qu'on me donne un sabre de bois. »

Le bon roi Dagobert
Faisait des vers tout de travers.
Le grand saint Éloi lui dit :
« O mon Roi, laissez aux oisons*
Faire des chansons. »
« C'est vrai, lui dit le roi,
C'est toi qui les feras pour moi. »

* oison = homme très borné.

46

Le bon roi Dagobert
Craignait fort d'aller en enfer.
Le grand saint Éloi lui dit :
« O mon Roi, je crois bien, ma foi
Que vous irez tout droit. »
« C'est vrai, lui dit le roi,
Ne peux-tu pas prier pour moi ? »

Quand Dagobert mourut
Le Diable aussitôt accourut.
Le grand saint Éloi lui dit
« O mon Roi, satan va passer
Faut vous confesser. »
« Hélas ! lui dit le roi,
Ne pourrais-tu pas mourir pour
    moi ? »

deux personnages date de 1750, mais ne devint à la mode en Île-de-France que vers 1814, au moment de la Première restauration : à travers ces paroles les royalistes se moquaient de Napoléon Ier qui la fit interdire lors des Cent Jours.

Malbrough
s'en va-t-en guerre

1. Mal- brough s'en va-t-en guer- re, Mi- ron-

-ton, mi- ron- ton, mi- ron- tai- ne Mal-brough s'en va-t-en

FIN

guer- re, Ne sait quand re- vien- dra, —— Ne

sait quand re- vien- dra, —— Ne

sait quand re— vien— dra——

Nous sommes le 11 septembre 1709, près du hameau de Malplaquet, dans le Nord de la France. D'un côté, 120 000 hommes de troupe, Anglais et Hollandais, et 120 canons, sous le commandement d'Eugène de Savoie — Carignan et de John Churchill, duc de Marlborough.

Malbrough s'en va-t-en guerre,
Mironton, mironton, mirontaine,
Malbrough s'en va-t-en guerre,
Ne sait quand reviendra. *(ter)*

Il reviendra-z-à Pâques,
Mironton, mironton, mirontaine,
Il reviendra-z-à Pâques,
Ou à la Trinité. *(ter)*

La Trinité se passe,
Mironton, mironton, mirontaine,
La Trinité se passe,
Malbrough ne revient pas.

Madame à sa tour monte,
Mironton, mironton, mirontaine,
Madame à sa tour monte,
Si haut qu'elle peut monter.

Ell'voit venir son page,
Mironton, mironton, mirontaine,
Ell'voit venir son page,
Tout de noir habillé.

« Beau page, mon beau page,
Mironton, mironton, mirontaine,
Beau page, mon beau page,
Quelles nouvell's apportez ? »

« Aux nouvell's que j'apporte,
Mironton, mironton, mirontaine,
Aux nouvell's que j'apporte,
Vos beaux yeux vont pleurer.

Quittez vos habits roses,
Mironton, mironton, mirontaine,
Quittez vos habits roses,
Et vos satins brochés.

En face, 80 000 soldats français et 80 canons, dirigés par Claude-Louis-Hector, duc de Villars, maréchal de France, et le vieux Louis-François, duc de Boufflers, lui aussi maréchal. Ces deux armées s'affrontent toute la journée pour assurer la suprématie sur tout le quart nord-ouest du royaume de Louis XIV. Hélas, Villars est gravement blessé et c'est la terrible défaite des Français. Le vainqueur de Malplaquet est incontestablement l'Anglais Marlborough. Les Français, vaincus par les armes, se vengèrent en imaginant cette chanson burlesque de Malbrough, rendue populaire vers la fin du XVIIIe siècle seulement.

Malbrough
s'en va-t-en guerre

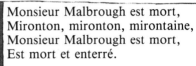

Monsieur Malbrough est mort,
Mironton, mironton, mirontaine,
Monsieur Malbrough est mort,
Est mort et enterré.

J' l'ai vu porter en terre,
Mironton, mironton, mirontaine,
J' l'ai vu porter en terre,
Par quatre-z-officiers.

L'un portait sa cuirasse,
Mironton, mironton, mirontaine,
L'un portait sa cuirasse,
L'autre son bouclier.

L'un portait son grand sabre,
Mironton, mironton, mirontaine,
L'un portait son grand sabre,
L'autre ne portait rien.

A l'entour de sa tombe,
Mironton, mironton, mirontaine,
A l'entour de sa tombe,
Romarins fut planté.

Sur la plus haute branche,
Mironton, mironton, mirontaine,
Sur la plus haute branche,
Un rossignol chantait.

On vit voler son âme,
Mironton, mironton, mirontaine,
On vit voler son âme,
Au travers des lauriers.

La cérémonie faite,
Mironton, mironton, mirontaine,
La cérémonie faite,
Chacun s'en fut coucher.

Les uns avec leurs femmes,
Mironton, mironton, mirontaine,
Les uns avec leurs femmes,
Et les autres tout seuls !

J' n'en dis pas davantage,
Mironton, mironton, mirontaine,
J' n'en dis pas davantage,
Car en voilà-z-assez »

51

Le roi Arthur

1. Le roi Ar- thur a- vait trois fils, Quel sup- plice ! Par lui

Mais c'é- tait un ex- cel- lent roi, Oui, ma foi !

ses fils fur'nt chas- sés, Oui, chas- sés à coups de pied Pour n'a-

FIN

-voir pas vou- lu chan- ter. Pour n'a- voir pas vou- lu chan-

-ter, o- hé, pour n'a- voir pas vou- lu chan- ter, o- hé !

Cette chanson amusante — et morale ! — date du début de ce siècle. Qui est le roi Arthur ? Peut- être ce souverain légendaire

Le roi Arthur avait trois fils,
Quel supplice !
Mais c'était un excellent roi,
Oui, ma foi !
Par lui ses fils fur'nt chassés,
Oui, chassés à coups de pied
Pour n'avoir pas voulu chanter.

Pour n'avoir pas voulu chanter, ohé
Pour n'avoir pas voulu chanter, ohé
Par lui ses fils fur'nt chassés,
Oui, chassés à coups de pied
Pour n'avoir pas voulu chanter.

Le premier fils se fit meunier,
C'est bien vrai !

Le second se fit tisserand,
Oui, vraiment !
Le troisième se fit commis
D'un tailleur de son pays,
Pour n'avoir pas voulu chanter.

Pour n'avoir pas voulu chanter, ohé
Pour n'avoir pas voulu chanter, ohé
Le troisième se fit commis
D'un tailleur de son pays,
Pour n'avoir pas voulu chanter.

du Pays de Galles au VIe siècle, héros des romans moyenâgeux de la Table Ronde, ou l'un de ces ducs de Bretagne, des XIIe et XIIIe siècles, restés si populaires.

Le premier fils volait du blé,
C'est bien laid !
Le second fils volait du fil,
C'est bien vil !
Et le commis du tailleur
Volait du drap à toute heure,
Pour en habiller ses deux sœurs.

Pour n'avoir pas voulu chanter, ohé
Pour n'avoir pas voulu chanter, ohé

Dans l'éclus' le meunier s'noya
Ha, ha, ha !
A son fil le tiss'rand s'pendit
Hi, hi, hi !
Et le diabl' mis en furie
Emporta le p'tit commis
Un rouleau de drap sous son bras.

Pour n'avoir pas voulu chanter,
    ohé
Pour n'avoir pas voulu chanter,
    ohé

Le Sire de Framboisy

1 C'é- tait l'his- toi- re du Sir' de Fram- boi- sy, C'é- tait l'his- toi- re du Sir' de Fram- boi- -sy, Et tra, et tra, et tra, la la la, Et tra, et tra, et tra, la la la.

Ernest Bourget et Laurent de Rillé ont écrit et composé cette chanson en 1855 et le chanteur Kelm l'interpréta pour la première fois au théâtre des Folies Nouvelles à Paris. Si la mélodie en était neuve, l'histoire est très ancienne puisqu'elle reprend le thème d'une complainte sur Guillaume de Beauvoir, un baron du Dauphiné qui vivait au XIIIᵉ siècle.

C'était l'histoire du Sir' de
Framboisy *(bis)*

Et tra, et tra, et tra, la la la.

Avait pris femme, la plus bell' du
pays *(bis)*

Et tra, et tra, et tra, la la la.

La prit trop jeune, bientôt s'en
repentit.

Partit en guerre afin qu'elle mûrit.

Revint de guerre après cinq ans et
d'mi.

N'trouva personne de la cave au
chenil.

App'la la belle trois jours et quatre
nuits.

Un grand silence, hélas, lui répondit.

Le pauvre sire courut dans tout Paris.

Trouva la dame, dans un bal, à Clichy.

- Corbleu, princesse, que faites-vous ici ?

- Voyez, je danse avec que mes amis.

Dans son carosse, la r'mèn' à Framboisy.

Il l'empoisonne avec du vert-de-gris.

Et sur sa tombe, il sema du persil.

De cette histoire, la moral', la voici :

    A   jeune femme, il faut
jeune   mari !

55

Trois jeunes tambours

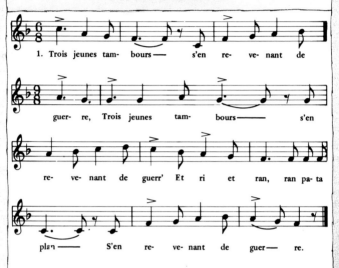

1. Trois jeunes tam- bours —— s'en re- ve- nant de guer- re, Trois jeunes tam- bours —— s'en re- ve- nant de guerr' Et ri et ran, ran pa- ta plan —— S'en re- ve- nant de guer— re.

Trois jeunes tambours s'en revenant
de guerre *(bis)*
Et ri et ran, ran pa ta plan
S'en revenant de guerre.

Le plus jeune a dans sa bouche une
rose *(bis)*
Et ri et ran, ran pa ta plan
Dans sa bouche une rose.

Fille du roi était à sa fenêtre.

Joli tambour, donne-moi donc ta
rose !

Fille du roi, donne-moi donc ton
cœur !

Joli tambour, demande-le à mon père !

Sire le roi, donnez-moi votre fille !

Joli tambour, tu n'es pas assez riche.

J'ai trois vaisseaux dessus la mer jolie.

L'un chargé d'or, l'autre de pierreries.

Et le troisième pour promener ma mie.

Joli tambour, dis-moi quel est ton père.

Sire le roi, c'est le roi d'Angleterre.

Joli tambour, tu auras donc ma fille.

Sire le roi, je vous en remercie.

Dans mon pays y en a de plus jolies.

instrument pour faire marcher son régiment attirerait le cœur d'une jolie princesse.

Aux marches du palais

1. Aux mar- ches du pa- lais —— Aux mar- ches du pa- lais —— Y'a une tant bel- le fil- le, Lon, la, Y'a une tant bel- le fil- le.

Cette romance de Touraine se chantait couramment durant les veillées d'automne, voici un peu plus de deux cents ans.

Aux marches du palais *(bis)*
Y'a une tant belle fille,
  Lon, la,
Y'a une tant belle fille.

Elle a tant d'amoureux *(bis)*
Qu'ell' ne sait lequel prendre,
  Lon, la,
Qu'elle ne sait lequel prendre.

C'est un p'tit cordonnier
Qu'a eu la préférence...

Et c'est en la chaussant
Qu'il fit sa confidence…

La bell' si tu voulais
Nous dormirions ensemble…

Dans un grand lit carré
Parfumé de lavande…

Aux quatre coins du lit
Un bouquet de pervenches…

Dans le mitan du lit
La rivière est profonde…

Tous les chevaux du roi
Pourraient y boire ensemble…

La bell' si tu voulais
Nous dormirions ensemble…

Et nous serions heureux
Jusqu'à la fin du monde.

Le roi Renaud

1. Le roi Renaud de guerre vint, Portant ses tripes en ses mains. Sa mère était sur le créneau Qui vit venir son fils Renaud.

Cette complainte, composée vers le XVIe siècle, a son origine dans les luttes qui ensanglantèrent l'empire de Charlemagne, roi des Francs et Empereur d'Occident de 769 à 814.
Une chanson de geste intitulée Renaud de Montauban *ou les Quatres Fils Aymon, en fournit la trame.*

Le roi Renaud de guerre revint,
Portant ses tripes en ses mains.
Sa mère était sur le créneau
Qui vit venir son fils Renaud.

- Renaud, Renaud, réjouis-toi !
Ta femme est accouchée d'un roi.
- Ni de la femme, ni du fils
Je ne saurais me réjouir.

Allez ma mère, allez devant ;
Faites-moi faire un beau lit blanc :
Guère de temps n'y resterai,
A la minuit trépasserai.

- Mais faites l'moi faire ici-bas
Que l'accouchée n'entende pas.
Et quand ce vint sur la minuit,
Le roi Renaud rendit l'esprit.

Il ne fut pas le matin jour
Que les valets pleuraient tretous ;
Il ne fut temps de déjeûner,
Que les servantes ont pleuré.

- Dites-moi, ma mère m'ami',
Que pleurent nos valets ici ?
- Ma fille, en baignant nos chevaux
Ont laissé noyer le plus beau.

- Et pourquoi, ma mère m'ami',
Pour un cheval pleurer ainsi ?
Quand le roi Renaud reviendra,
Plus beaux chevaux amènera.

Dites-moi, ma mère m'ami',
Que pleurent nos servantes-ci ?
- Ma fille, en lavant nos linceuls
Ont laissé aller le plus neuf.

Le duc Aymon avait été chargé par Charlemagne d'administrer la région d'Alby, avec ses quatre fils, Renaud, Guichard, Alard et Richard. Mais le frère d'Aymon fut tué par un officier de l'Empereur. Alors, les quatre frères se rebellèrent contre Charles. On les a souvent représentés montant tous les quatre le même cheval, Bayard,

61

Le roi Renaud

- Et pourquoi, ma mère m'ami',
Pour un linceul pleurer ainsi ?
Quand le roi Renaud reviendra
Plus beaux linceuls achètera.

- Dites-moi, ma mère m'ami',
Pourquoi j'entends cogner ici ?
- Ma fill' ce sont les charpentiers
Qui raccommodent le planchier.

- Dites-moi, ma mère m'ami',
Pourquoi les cloches sonnent ici ?
- Ma fille, c'est la procession
Qui sort pour les rogations.

- Dites-moi, ma mère m'ami',
Que chantent les prêtres ici ?
- Ma fille, c'est la procession
Qui fait le tour de la maison.

Or, quand ce fut pour relever
A la messe ell' voulut aller ;
Or, quand ce fut passé huit jours,
Ell' voulut faire ses atours.

- Dites-moi, ma mère m'ami',
Quel habit prendrai-je aujourd'hui ?
- Prenez le vert, prenez le gris,
Prenez le noir pour mieux choisir.

- Dites-moi, ma mère m'ami',
Ce que ce noir-là signifie ?
- Femme qui relève d'enfant
Le noir lui est bien plus séant.

Mais quand ell' fut emmi les champs,
Trois pastoureaux allaient disant :
- Voilà la femme du Seigneur
Que l'on enterra l'autre jour.

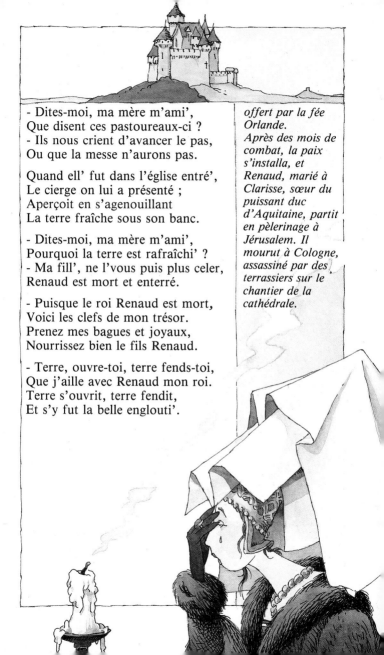

- Dites-moi, ma mère m'ami',
Que disent ces pastoureaux-ci ?
- Ils nous crient d'avancer le pas,
Ou que la messe n'aurons pas.

Quand ell' fut dans l'église entré',
Le cierge on lui a présenté ;
Aperçoit en s'agenouillant
La terre fraîche sous son banc.

- Dites-moi, ma mère m'ami',
Pourquoi la terre est rafraîchi' ?
- Ma fill', ne l'vous puis plus celer,
Renaud est mort et enterré.

- Puisque le roi Renaud est mort,
Voici les clefs de mon trésor.
Prenez mes bagues et joyaux,
Nourrissez bien le fils Renaud.

- Terre, ouvre-toi, terre fends-toi,
Que j'aille avec Renaud mon roi.
Terre s'ouvrit, terre fendit,
Et s'y fut la belle englouti'.

*offert par la fée
Orlande.
Après des mois de
combat, la paix
s'installa, et
Renaud, marié à
Clarisse, sœur du
puissant duc
d'Aquitaine, partit
en pèlerinage à
Jérusalem. Il
mourut à Cologne,
assassiné par des
terrassiers sur le
chantier de la
cathédrale.*

La complainte de Mandrin

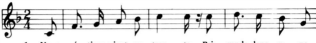

1. Nous é- tions vingt ou tren- te, Bri- gands dans u- ne

ban- de, Tous ha- bil- lés de blanc, A la mod' des, Vous m'enten-

-dez ? Tous ha- bil- lés de blanc, A la mod' des mar-chands.

Louis Mandrin, né en 1724 dans le Dauphiné, fut un bandit de grand chemin. Après avoir servi dans l'armée, il déserta, et organisa la contrebande aux frontières de Savoie, en

Nous étions vingt ou trente,
Brigands dans une bande,
Tous habillés de blanc,
A la mod' des,
    Vous m'entendez ?
Tous habillés de blanc,
A la mod' des marchands.

La première volerie,
Que je fis dans ma vie,
C'est d'avoir goupillé,
La bourse d'un,
    Vous m'entendez ?
C'est d'avoir goupillé,
La bourse d'un curé.

J'entrai dedans sa chambre,
Mon dieu qu'elle était grande !
J'y trouvais mille écus,
Je mis la main,
    Vous m'entendez ?
J'y trouvais mille écus,
Je mis la main dessus.

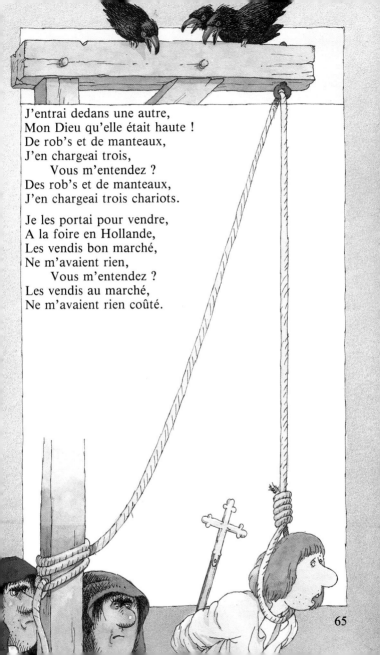

J'entrai dedans une autre,
Mon Dieu qu'elle était haute !
De rob's et de manteaux,
J'en chargeai trois,
        Vous m'entendez ?
Des rob's et de manteaux,
J'en chargeai trois chariots.

Je les portai pour vendre,
A la foire en Hollande,
Les vendis bon marché,
Ne m'avaient rien,
        Vous m'entendez ?
Les vendis au marché,
Ne m'avaient rien coûté.

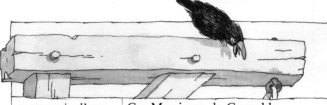

compagnie d'une petite troupe de déserteurs - payée régulièrement ! Ayant réussi à vaincre à plusieurs reprises les troupes royales chargées de l'arrêter, et parce qu'il ne s'attaquait qu'aux fermiers généraux - les percepteurs de l'époque - il acquit une grande popularité. Cependant cette complainte, qui s'appelait autrefois Les trente brigands, ne s'applique guère à lui : en effet Mandrin, que l'on sache n'a jamais volé de curé ; il fut roué vif et étranglé à Valence le 26 mai 1755 et non pendu à Grenoble comme le dit la chanson.

Ces Messieurs de Grenoble,
Avec leurs longues robes,
Et leurs bonnets carrés,
M'eurent bientôt,
    Vous m'entendez ?
Et leurs bonnets carrés,
M'eurent bientôt jugé.

Ils m'ont jugé à pendre,
Ah ! c'est dur à entendre !
A pendre et étrangler,
Sur la place du,
    Vous m'entendez ?
A pendre et étrangler,
Sur la place du Marché.

Monté sur la potence,
Je regardai la France,
J'y vis mes compagnons,
A l'ombre d'un,
    Vous m'entendez ?
J'y vis mes compagnons,
A l'ombre d'un buisson.

« Compagnons de misère,
Allez dire à ma mère,
Qu'ell'ne m'reverra plus,
J'suis un enfant,
    Vous m'entendez ?
Qu'ell'ne m'reverra plus,
J'suis un enfant perdu. »

La légende de Saint-Nicolas

Ils étaient trois petits enfants
Qui s'en allaient glaner aux champs.
Tant sont allés, tant sont venus
Que sur le soir se sont perdus.
S'en sont allés chez le boucher :
« Boucher, voudrais-tu nous loger ? »

La légende de Saint-Nicolas

Saint Nicolas était évêque à Myre, en Turquie, au IVe siècle. Ses reliques rapportées par des marchands en 1084 se trouvent actuellement à Bari, en Italie. Dès cette époque, dans toute l'Europe, on lui voue une grande dévotion. Il est le patron des marins d'eau douce, des tonneliers, des

- Entrez, entrez, petits enfants,
Y a de la place, assurément. »
Ils n'étaient pas sitôt entrés
Que le boucher les a tués,
Les a coupés en p'tits morceaux,
Mis au saloir comme pourceaux.

Saint-Nicolas, au bout d'sept ans,
Vint à passer dedans ce champ ;
Il s'en alla chez le boucher :
« Boucher, voudrais-tu me loger ?
- Entrez, entrez, Saint-Nicolas,
De la place il n'en manque pas. »

Il n'était pas sitôt entré
Qu'il a demandé à souper.
On lui apporte du jambon,
Il n'en veut pas, il n'est pas bon.
On lui apporte du rôti,
Il n'en veut pas, il n'est pas cuit.

« De ce salé, je veux avoir,
Qu'y a sept ans qu'est dans l' saloir. »
Quand le boucher entendit ça
Hors de sa porte il s'enfuya :
« Boucher, boucher, ne t'enfuis pas ;
Repens-toi, Dieu t' pardonnera. »

Saint-Nicolas pose trois doigts
Dessus le bord de ce saloir :
« Petits enfants qui dormez là,
Je suis le grand Saint-Nicolas. »
Et le grand saint étend trois doigts,
Les p'tits se relèvent tous les trois.

Le premier dit : « J'ai bien dormi. »
Le second dit : « Et moi aussi. »
Et le troisième répondit :
« Je croyais être en Paradis ! »
Il était trois petits enfants
Qui s'en allaient glaner aux champs…

parfumeurs, des apothicaires et des enfants : ces derniers, à cause de la légende d'où est tirée cette complainte. Depuis quatre siècles, les paroles de cette chanson ont connu diverses variantes : on attribue celles-ci à Gérard de Nerval. La mélodie est cependant beaucoup plus ancienne.

Sur l'pont du Nord

1. Sur l'pont du Nord, un bal y est don-né, Sur l'pont du Nord, un bal y est don-né.

Le thème de cette chanson est populaire en France depuis le début du XIIIᵉ siècle.

Sur l'pont du Nord, un bal y est donné. *(bis)*

Adèle demande à sa mère d'y aller. *(bis)*

Non, non, ma fille, tu n'iras pas danser.

Monte à sa chambre et se met à pleurer.

Son frère arrive dans un bateau doré.

Ma sœur, ma sœur, qu'as-tu donc à pleurer ?

Maman n'veut pas que j'aille au bal danser.

Mets ta robe blanche et ta ceinture dorée.

Et nous irons tous deux au bal danser.

La première danse, Adèle a bien dansé.

La deuxième danse, le pont s'est écroulé.

Les cloches de Nantes se mirent à sonner.

La mère demande pour qui elles ont sonné.

C'est pour Adèle et votre fils aîné.

Voilà le sort des enfants obstinés.

Qui vont au bal sans y être invités.

La moralité qui lui a été ajoutée en a fait une ronde enfantine.

La Yoyette

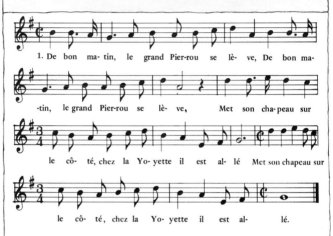

1. De bon ma- tin, le grand Pier-rou se lè- ve, De bon ma-
-tin, le grand Pier-rou se lè- ve, Met son cha-peau sur
le cô- té, chez la Yo- yette il est al- lé Met son chapeau sur
le cô- té, chez la Yo- yette il est al- lé.

*C'est une belle
histoire de la
campagne
bourbonnaise au
siècle dernier que
nous retrace la
Yoyette.*

De bon matin, le grand Pierrou se
    lève,
De bon matin, le grand Pierrou se
    lève,
Met son chapeau sur le côté,
Chez la Yoyette il est allé.
Met son chapeau sur le côté,
Chez la Yoyette il est allé.

- Bien le bonjour, beau-père et belle-
    mère *(bis)*
Bien le bonjour vous soit donné $\Big\}$ *(bis)*
A la Yoyette, il faut parler.

- Apportez donc ici, sur cette table,
Du bon vin blanc, du saucisson
Pour régaler ce bon garçon.

- Je ne suis pas venu-z-ici pour
    boire,
Ni pour boire ni pour manger
De mariage il faut parler.

- Mais la Yoyette, elle est à la
    grand'messe,
A la grand'messe à Saint-Denis
Tardera pas à reveni !

- Et par qui donc l'enverrons-nous
    cherchèye.
- Son frère Jean, un bon garçon,
Fera très bien la commission.

Tout en rentrant dedans la saint'
    église,
Prit l'eau bénite en se signant,
Disant : - Yoyette, allons-nous en !

- Qu'y a-t-il donc, à la maison, qui
    presse ?
- Ton amant Pierre est arrivé,
Son tendre cœur te veut parler.

- Mais la Yoyette elle est encor'
    jeunette.
- Faites l'amour en attendant
Que la Yoyette ait ses vingt ans !

- Non, non, l'amour je ne la veux
    plus faire !
Garçon qui fait l'amour longtemps
Risque bien de perdre son temps !

Nous n'irons plus au bois

1. Nous n'i- rons plus au bois, Les lau- riers sont cou- pés,
La bel- le que voi- là I- ra les ra- mas- ser.

Refrain

En- trez dans la dan- se, Vo- yez comme on dan- se, Sau- -tez, dan- sez, Em- bras- sez qui vous vou- drez.

Dans un coin du bois de Boulogne, planté de lauriers, vers 1750, les amoureux se retrouvaient loin des regards indiscrets. Mais quand on taillait les arbustes...

Nous n'irons plus au bois,
Les lauriers sont coupés,
La belle que voilà
Ira les ramasser.

Refrain
Entrez dans la danse,
Voyez comme on danse,
Sautez, dansez,
Embrassez qui vous voudrez.

La belle que voilà
Ira les ramasser,
Mais les lauriers
   du bois,
Les lairons-nous couper ?

Non chacune à son tour
Ira les ramasser.

Si la cigale y dort
Il n'faut pas la blesser.

Le chant du rossignol
Viendra la réveiller.

Et aussi la fauvette
Avec son doux gosier.

Et Jeanne la bergère
Avec son blanc panier.

Allant cueillir la fraise
Et la fleur d'églantier.

Cigale, ma cigale,
Allons, il faut chanter.

Car les lauriers du bois
Sont déjà repoussés.

Gentil coqu'licot

1. J'ai des-cen- du dans mon jar- din, J'ai des-cen-
-du dans mon jar- din— Pour y cueil- lir du ro- ma- rin.

Gen- til coqu'li- cot, Mes- da- mes, Gen- til coqu'li- cot nou-veau !

J'ai descendu dans mon jardin *(bis)*
Pour y cueillir du romarin.

Refrain
Gentil coqu'licot, Mesdames,
Gentil coqu'licot nouveau !

Pour y cueillir du romarin *(bis)*
J' n'en avais pas cueilli trois brins.

Qu'un rossignol vint sur ma main.

Il me dit trois mots en latin.

Que les homm's ils ne valent rien.

Et les garçons encor bien moins !

Des dames, il ne me dit rien.

Mais des d'moisell' beaucoup de bien.

C'est de Touraine - le jardin de la France - que nous vient cet air guilleret et ces paroles malicieuses, qui datent du règne de Louis XV. Ce dernier aimait passer ses loisirs dans les somptueux châteaux de la Loire où il dut entendre les gentils conseils du rossignol.

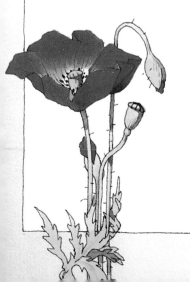

Fleur d'épine

1. Ma mè- re qui m'a nou-rrie n'a ja- mais con- nu mon nom o- hé — Ma mè- Car m'ap- pel- -le car m'ap- pel- le car m'ap- pel- le fleur d'é- -pi - ne fleur de ro- se C'est mon nom Tra- la- la la- la la- la la Tra- la- la la- la- la- la la la Tra- la- la la- la- la- la la- la- la- la la Tra- la- la la

Cette joyeuse chanson dialoguée est relativement récente.

Ma mère qui m'a nourrie
N'a jamais connu mon nom
   ohé
Car m'appelle *(ter)*
Fleur d'épine fleur de rose
C'est mon nom.

(bis)

Tra la la la la la la la
Tra la la la la la la la
Tra la la la la la la la
   la la la la la la la la.

(bis)

Fleur d'épine fleur de rose
C'est un nom qui coûte cher *(bis)*
  ohé
Car il coûte *(ter)*
La moitié de la valeur
De cent écus.
Tra la la la la la la la
Tra la la la la la la la *(bis)*
Tra la la la la la la la
  la la la la la la la la.

Qu'est-ce que c'est que cent écus
Quand on a l'honneur perdu, ohé
Car l'honneur
Est privilège des fillettes
De quinze ans.

Ne fait donc pas tant la fière
L'on t'a vue hier au soir, ohé
L'on t'a vue
Hier au soir un gros bourgeois
Auprès de toi.

Ce n'était pas un bourgeois
Qui était auprès de moi, ohé
C'était l'ombre
C'était l'ombre de la lune
Qui jouait autour de moi.

J'ai lié ma botte

1. Au bois voi-sin l'y a des vi-o-let-tes
De l'au-bé-pine et de l'é-glan-tier.

Refrain
J'ai lié ma bot-te a-vec un brin de pail-le
J'ai lié ma bot-te a-vec un brin d'o-sier.

Bien que dans la tradition des mélodies anciennes, cette chanson n'a qu'une trentaine d'années : elle est signée Francine Cockenpot.

Au bois voisin l'y a des violettes
De l'aubépine et de l'églantier.

Refrain
J'ai lié ma botte avec un brin
   de paille
J'ai lié ma botte avec un brin
    d'osier.

J'y vais le soir pour y faire la
   cueillette
En gros sabots et le tablier.

J'en cueillis tant, j'en avais plein ma
   hotte
Pour les porter j'ai dû les lier.

En revenant j'ai rencontré un prince
Avec mes fleurs, je l'ai salué.

M'a demandé de venir à la ville
Et d'habiter dans un grand palais.

Mais j'aime mieux la maison de mon
    père
Le bois joli et ses églantiers.

Colchiques

1. Col- chi- ques dans les prés fleu- ris- sent, fleu —
— ris- sent, Col- chi- ques dans les prés; c'est la fin de l'é —
— té. La feuil- le d'au— tom- ne em- por- tée par le
vent En ron- de mo- no- to- ne tombe en tour-bil- lon- nant.

Refrain

Colchiques dans les prés fleurissent,
   fleurissent,
Colchiques dans les prés : c'est la fin
   de l'été.

Refrain

La feuille d'automne emportée par le
   vent
En ronde monotone tombe en
   tourbillonnant.

Châtaignes dans les bois se fendent,
   se fendent
Châtaignes dans les bois se fendent
   sous les pas.

Nuages dans le ciel s'étirent,
  s'étirent
Nuages dans le ciel s'étirent comme
  une aile.

Et ce chant dans mon cœur
  murmure, murmure
Et ce chant dans mon cœur appelle
  le bonheur.

Cette charmante chanson est récente : elle est l'œuvre de Francine Cockenpot.

La rose au boué

1. Mon père ain- si qu'ma mè- re N'a-vaient fil- le que moué, N'a-vaient fil- le que moué, La des-ti -née, La rose au boué ! N'a-vaient fil- le que moué ! La des- ti- née au boué!

S'expriment ici la gaieté et la courtoisie galante du petit peuple de France sous Louis XV, voici deux cent cinquante ans.

Mon père ainsi qu' ma mère } *(bis)*
N'avaient fille que moué,
N'avaient fille que moué,
La destinée,
La rose au boué ! *(bis)*
N'avaient fille que moué !
La destinée au boué !

Ils me mir'nt à l'école, } *(bis)*
A l'école du Roué,
A l'école du Roué,
La destinée,
La rose au boué ! *(bis)*
A l'école du Roué !
La destiné au boué !

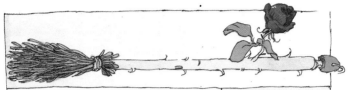

Ils me fir'nt faire une robe,
Une robe de soué.

Le tailleur qui la coupe
D'vint amoureux de moué.

A chaque point d'aiguille,
Il dit : « Embrassez-moué. »

C'est pas l'affair' des filles
D'embrasser les garçons.

C'est le devoir des filles
D' balayer les maisons.

Quand les maisons sont sales,
Les amoureux s'en vont.

Ils s'en vont quatr' par quatre
En frappant du talon.

Quand les maisons sont propres,
Les amoureux y vont.

Ils y vont quatr' par quatre
En jouant du violon.

*On notera
la prononciation
ancienne de la
diphtongue « oi »
qui se prononçait
« oué » et que
l'on retrouve ici
dans moué (moi),
rouè (roi),
souè (soie) etc.*

Derrièr' chez nous

1. Der·rièr' chez nous Il est u - ne mon - ta — gne,
— Moi, mon a - mant, nous la mon-tions sou- vent — Moi, mon a-
-mant, Moi, mon a- mant, nous la mon-tions sou- vent — Dé-ri- dé-
-ra, la, la, la, la, la, la, la, la, la, la, la, la, la, la Dé-ri- dé-
-ra, la, la, la, la, la, la, la, la, la, la, la — Pour la mon-

Derrièr' chez nous
Il est une montagne,
Moi, mon amant, nous la montions
    souvent
Moi, mon amant *(bis)*
Nous la montions souvent.
Déridéra, la, la, la, la, la, la, la, la
    la, la, la, la, la, la *(bis)*

Pour la montée
Il est beaucoup de peine :
En descendant, mille soulagements
En descendant *(bis)*
Mille soulagements.
Déridéra, la, la, la, la, la, la, la, la,
    la, la, la, la, la, la *(bis)*

Derrièr' chez nous
Il est une fontaine,
Toute fleurie de beaux lauriers
    d'amour

Derrièr' chez nous
Le rossignol y chante,
Soir et matin, à la pointe du jour.

Et il nous dit,
Dans son joli langage,
- Les amoureux sont souvent
    malheureux.

Le mal d'amour
Est une maladie,
Le médecin ne saura la guérir.

- Accorde-moi
Ma charmante maîtresse,
Accorde-moi un peu de liberté.

- Quell' liberté
Veux-tu que je te donne ?
Quand mes parents m'ont défendu
    d'aimer.

- J'irai mourir dans un lieu solitaire,
Derrièr' chez nous,
Sur un coin de rocher.

C'est là une forme de chanson tendre et un peu triste que l'on appelle un « regret ». Celui-ci, qui date de l'époque romantique française (entre 1830 et 1848) était chanté par les jeunes bergers du Béarn qui se répondaient d'un côté à l'autre des coteaux.

V'là l' bon vent

Refrain

V'là l'bon vent, v'là l'jo- li vent, V'là l'bon vent, ma– mie m'ap-pel- le,

V'là l'bon vent, v'là l'jo- li vent V'là l'bon vent, ma– mie m'at- tend.

pour finir mie m'at- tend. 1. Der- rier' chez nous y a-t- un é- tang, Der-

-rier' chez nous y a-t- un é- tang, Trois beaux ca- nards s'en vont bai-gnant.

Agréable mélodie de type ancien dont les paroles

Derrièr' chez nous y a-t-un étang *(bis)*
Trois beaux canards s'en vont
  baignant.

Refrain
V'là l' bon vent, v'là l' joli vent
V'là l' bon vent, ma mie m'appelle,
V'là l' bon vent, v'là l' joli vent
V'là l' bon vent, ma mie m'attend.

Le fils du Roi s'en va chassant *(bis)*
Avec son beau fusil d'argent.

Visa le noir, tua le blanc.
- O fils du Roi, tu es méchant.

D'avoir tué mon canard blanc !
Par-dessous l'aile il perd son sang.

Par les yeux lui sort des diamants,
Et par le bec l'or et l'argent.

Toutes ses plum's s'en vont au vent,
Trois dam's s'en vont les ramassant.

C'est pour en faire un lit de camp
Pour y coucher tous les passants.

*n'ont qu'une
quarantaine
d'années.*

A la claire fontaine

1. A la clai- re fon- tai- ne M'en al- lant pro- me- ner

J'ai trou- vé l'eau si bel- le Que je m'y suis bai- gnée.

Refrain

Il y'a longtemps que je t'ai- me Ja- mais, je ne t'ou- blierai !

C'est en 1534 qu'un navigateur de Saint-Malo, Jacques Cartier, débarqua dans la baie des Chaleurs et prit possession du Canada au nom de la France, avant de remonter le fleuve Saint-Laurent jusqu'aux lieux qui devaient s'appeler plus tard Québec et Montréal. Mais

A la claire fontaine
M'en allant promener,
J'ai trouvé l'eau si belle
Que je m'y suis baignée.

Refrain
Il y'a longtemps que je t'aime,
Jamais je ne t'oublierai !

Sous les feuilles d'un chêne
Je me suis fait sécher ;
Sur la plus haute branche
Le rossignol chantait.

Chante, rossignol, chante,
Toi qui as le cœur gai,
Tu as le cœur à rire...
Moi je l'ai à pleurer !

J'ai perdu mon ami,
Sans l'avoir mérité,
Pour un bouquet de roses
Que je lui refusai.

Je voudrais que la rose
Fût encore au rosier,
Et que mon doux ami
Fût encore à m'aimer.

*c'est seulement
deux siècles plus
tard que* A la claire
fontaine *naquit sur
les lèvres
des soldats français
du marquis Louis
de Montcalm,
venu défendre la
Nouvelle-France
contre
l'envahisseur
anglais.*

Les crapauds

La nuit est limpide,
L'étang est sans ride,
Dans le ciel splendide
Luit le croissant d'or.
Orme, chêne ou tremble,
Nul arbre ne tremble.
Au loin le bois semble
Un géant qui dort...

Ils disent : « Nous sommes
Haïs par les hommes,
Nous troublons leurs sommes
De nos tristes chants.

Pour nous, point de fêtes,
Dieu seul sur nos têtes
Sait qu'il nous fit bêtes
Et non point méchants.
Notre peau terreuse
Se gonfle et se creuse
D'une bave affreuse
Nos flancs sont lavés.
Et l'enfant qui passe,
Loin de nous s'efface
Et pâle, nous chasse
A coups de pavés.

Des saisons entières
Dans les fondrières,
Un trou sous les pierres
Est notre réduit.
Le serpent en boule
Près de nous s'y roule
Quand il pleut, en foule
Nous sortons la nuit.
Et dans les salades
Faisant des gambades
Pesants camarades
Nous allons manger.
Manger sans grimace,
Cloporte ou limace,
Ou ver qu'on ramasse
Dans le potager.

Nous aimons la mare
Qu'un reflet chamarre
Où dort à l'amarre,
Un canot pourri,
Dans l'eau qu'elle souille,
Sa chaîne se rouille ;
La verte grenouille
Y cherche un abri ;
Là, la source épanche

Son écume blanche ;
Un vieux saule penche
Au milieu des joncs.
Et les libellules
Aux ailes de tulle
Font crever des bulles
Au nez des goujons.

Quand la lune plaque,
Comme un vernis laque,
Sur la calme flaque
Des marais blafards,
Alors symbolique
Et mélancolique
Notre lent cantique
Sort des nénuphars. »
Orme, chêne ou tremble,
Nul arbre ne tremble.
Au loin le bois semble
Un géant qui dort.
La nuit est limpide,
L'étang est sans ride,
Dans le ciel splendide
Luit le croissant d'or.

Auprès de ma blonde

1. Dans les jardins d'mon père Les lilas sont fleuris, — Dans les jardins d'mon père Les lilas sont fleuris — Tous les oiseaux du monde vien't y faire leurs nids —

Refrain
Auprès de ma blonde Qu'il fait bon, fait bon, fait bon Auprès de ma blonde Qu'il fait bon dormir — Tous

Cette chanson de marche est bien ancienne, elle rythmait déjà les déplacements des soldats français durant la guerre de Trente Ans que Louis XIII et Richelieu menèrent à partir de 1635 contre l'Autriche.

Dans les jardins d'mon père
Les lilas sont fleuris,   } *(bis)*
Tous les oiseaux du monde
Vienn't y faire leurs nids.

Refrain
Auprès de ma blonde
Qu'il fait bon, fait bon, fait bon,
Auprès de ma blonde
Qu'il fait bon dormir.

Tous les oiseaux du monde
Vienn't y faire leurs nids,
La caill', la tourterelle
Et la joli' perdrix.

La caill', la tourterelle
Et la joli' perdrix
Et ma joli' colombe
Qui chante jour et nuit.

Et ma joli' colombe
Qui chante jour et nuit,
Ell' chante pour les filles
Qui n'ont pas de mari.

Ell' chante pour les filles
Qui n'ont pas de mari.
Pour moi ne chante guère
Car j'en ai un joli.

Pour moi ne chante guère
Car j'en ai un joli.
- Mais dites-moi donc belle
Où est votre mari ?

- Mais dites-moi donc belle
Où est votre mari.
- Il est dans la Hollande,
Les Hollandais l'ont pris !

- Il est dans la Hollande,
- Les Hollandais l'ont pris !
- Que donneriez vous, belle,
A qui l'ira quéri ?

- Que donneriez vous, belle,
A qui l'ira quéri ?
- Je donnerais Touraine,
Paris et Saint-Denis.

- Je donnerais Touraine,
Paris et Saint-Denis,
Les tours de Notre-Dame,
Le clocher d' mon pays.

- Les tours de Notre-Dame,
Le clocher d' mon pays.
Et ma joli' colombe
Qui chante jour et nuit.

Sur la route de Louviers

1. Sur la route de Louviers — Sur la route de Louviers — Y a-vait un can-ton-nier — Y a-vait un can-ton-nier — Et qui cas-sait — Des tas d'cail-loux — Et qui cas-sait des tas d'cail-loux — Pour mettr' su' l'pas-sage des roues — Un'bell'

Un' bell' dam' vint à passer *(bis)*
Dans un beau carross' doré *(bis)*
Et qui lui dit : *(bis)*
- Pauv' cantonnier *(bis)*
Et qui lui dit : - Pauv' cantonnier !
Tu fais un fichu métier !

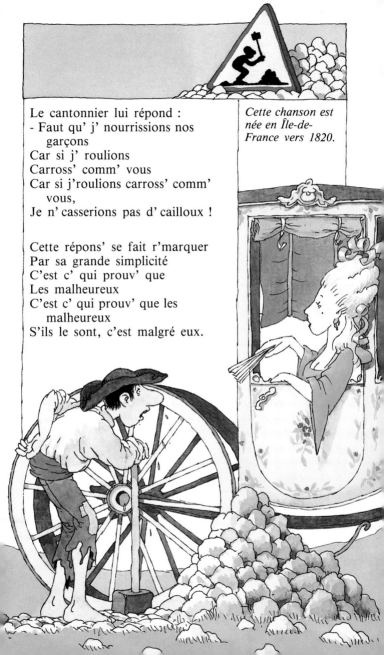

Le cantonnier lui répond :
- Faut qu' j' nourrissions nos
   garçons
Car si j' roulions
Carross' comm' vous
Car si j'roulions carross' comm'
   vous,
Je n' casserions pas d' cailloux !

Cette répons' se fait r'marquer
Par sa grande simplicité
C'est c' qui prouv' que
Les malheureux
C'est c' qui prouv' que les
   malheureux
S'ils le sont, c'est malgré eux.

Cette chanson est née en Île-de-France vers 1820.

Les maçons de la Creuse

1. On chante des chansons De tou- tes les ma- niè- res. Des fil- les, des gar- çons, Des ber- gers, des ber- gères— Je ne sais pas con- ter Ces his- toi- res char- meu- ses, Mais je vais vous chan- ter Les ma- çons de la Creu- se.

Longtemps, les paysans pauvres du Limousin sont « montés » à pied à Paris ou dans les grandes villes pour participer à la construction des monuments, des palais ou des maisons. C'est cette humble épopée que célèbre la complainte d'un compagnon maçon, écrite et composée au siècle dernier.

On chante des chansons
De toutes les manières.
Des filles, des garçons,
Des bergers, des bergères.
Je ne sais pas conter
Ces histoires charmeuses,
Mais je vais vous chanter
Les maçons de la Creuse.

Arrivé le printemps
Ils quittent leur chaumière ;
Laissant leurs grands-parents,
Leurs enfants et leur mère.
Cachant leur désespoir,
Les filles amoureuses,
S'en vont dire « au revoir »
Aux maçons de la Creuse.

Les voilà tous partis
Pour faire leur campagne ;
On les voit à Paris,
En Bourgogne, en
　Champagne ;
Ils vont porter ailleurs
Leur vie aventureuse.
Ce sont des travailleurs,
Les maçons de la Creuse.

Tous les chemins de fer
Qui traversent la France
Et tous les ports de mer
Ont connu leurs souffrances.
Les canaux et les ponts
De la Seine à la Meuse,
Pourraient citer les noms
Des maçons de la Creuse.

Voyez le Panthéon,
Voyez les Tuileries,
Le Louvre et l'Odéon,
Notre-Dame jolie,
De tous ces monuments,
La France est orgueilleuse.
Elle en doit l'agrément
Aux maçons de la Creuse.

Au retour de l'hiver
Ils sont près de leurs belles ;
Les souffrances d'hier
S'oublient vite près d'elles.
Et toute une saison,
Les filles sont joyeuses,
D'avoir, à la maison,
Un maçon de la Creuse.

L'auteur de la chanson
N'est pas un grand poète ;
C'est un garçon maçon
Buvant sa chopinette.
Sans envier autrui,
Sa vie s'écoule heureuse.
Ils sont tous comme lui,
Les maçons de la Creuse.

En passant par la Lorraine

1. En pas- sant par la Lor- rai- ne, A- vec mes sa- bots, —
Ren- con- trai trois ca- pi- tai- nes A- vec mes sa- bots don-
-dai- ne, Oh, oh, oh ! — a- vec mes sa- bots ! —

Cette fois, c'est la bergère qui rêve de devenir reine, et reine en sabots ! Grâce à un pied de verveine...

En passant par la Lorraine,
Avec mes sabots,   } *(bis)*
Rencontrai trois capitaines,
Avec mes sabots dondaine,
Oh, oh, oh ! avec mes sabots !

Rencontrai trois capitaines,
Avec mes sabots,   } *(bis)*
Ils m'ont appelée vilaine,
Avec mes sabots dondaine,
Oh, oh, oh ! avec mes sabots !

Ils m'ont appelée vilaine,
Avec mes sabots,
Je ne suis pas si vilaine,
Avec mes sabots dondaine,
Oh, oh, oh ! avec mes sabots !

Je ne suis pas si vilaine,
Avec mes sabots,
Puisque le fils du roi m'aime,
Avec mes sabots dondaine,
Oh, oh, oh ! avec mes sabots !

Puisque le fils du roi m'aime,
Avec mes sabots,
Il m'a donné pour étrennes,
Avec mes sabots dondaine,
Oh, oh, oh ! avec mes sabots !

Il m'a donné pour étrennes,
Avec mes sabots,
Un joli pied de verveine,
Avec mes sabots dondaine,
Oh, oh, oh ! avec mes sabots !

Un joli pied de verveine,
Avec mes sabots,
Je l'ai planté dans la plaine,
Avec mes sabots dondaine,
Oh, oh, oh ! avec mes sabots !

Je l'ai planté dans la plaine,
Avec mes sabots,
S'il fleurit je serai reine,
Avec mes sabots dondaine,
Oh, oh, oh ! avec mes sabots !

S'il fleurit je serai reine,
Avec mes sabots,
Et s'il meurt je perds ma peine,
Avec mes sabots dondaine,
Oh, oh, oh ! avec mes sabots !

Dors, min p'tit quinquin

Refrain

Dors, min p'tit quin- quin, Min p'tit pou- chin, min gros ro-jin Tu m'f'ras du cha- grin, Si te n'dors point j'qu'à d'main.

FIN

1. Ain- si l'aut' jour eun' pauvr' din- te- liè- re,

1 — In a- mi- clo- tant sin p'tit gar- chon

2 — Ta- chot l'in- dor- mir par eun' can- chon

Ell' li di- jot, Min Nar- cis- se, D'main, t'a- ras du pain d'é- pi- ce,

Du chuc à go- go, si t'es sache

et qu'te fais do- do.

102

Refrain
Dors, min p'tit quinquin,
Min p'tit pouchin, min gros rojin
Te m'f'ras du chagrin,
Si te n'dors point j'qu'à d'main.

Et si te m'laich faire eun' bonn'
    semaine
J'irai dégager tin biau sarrau
Tin patalon d'drap, tin giliet d'laine
Comme un p'tit milord te s'ras
faraud !
J't'acatrai, l'jour de l'ducasse*
Un porichinell' cocasse,
Un turlututu
Pour jouer l'air du Capiau-pointu.

Nous irons dins l'cour Jeannette-à-
    Vaques
Vir les marionnett's. Comm' te riras
Quand t'intindras dire : « Un doup'
    pou' Jacques ! »
Pa' l' porichinell' qui parl' magas !

* Ducasse = fête.

Le P'tit quinquin est la plus célèbre berceuse du Nord et des Ardennes : une gentille dentellière fait toutes les promesses à son bébé pour qu'il consente à s'endormir. On y constate que les gens du « ch'nord » ont beaucoup de gaieté et d'humour. On y retrouve aussi tout ce qui fait la

Dors,
min p'tit quinquin

particularité de cette région trop méconnue du reste de la France : la tradition de Polichinelle, toujours vivace, le goût des enfants et des adultes pour les sucreries (notamment la vergeoise, sucre de cassonade toujours très apprécié), Saint-Nicolas (qui tient la place du Père Noël et apporte les cadeaux pour les enfants début décembre) et même la présence de mots anglais (comme « mylord »).

Te li mettras dins s'menotte
Au lieu d'doupe, un rond d'carotte !
Y t'dira : Merci !
Pins' comm' nous arons du plaisi !

Et si par hasard sin maite s'fâche
Ch'est alors, Narciss', que nous rirons
Sans n'n'avoir invi', j'prindrai m'n
    air mache
J'li dirai sin nom et ses surnoms
J'li dirai des fariboles
Y m'in répondra des drôles
Infin, un chacun
Verra deux spectac' au lieu d'un.

Allors, serr' tes yeux, dors, min
    bonhomme
J'vas dire eun' prière à P'tit-Jésus
Pour qu'y vienne ichi, pindant tin
    somme
T'fair' rêver qu'jai les mains plein's
    d'écus
Pour qu'y t'apporte eun' coquille,
Avec du chirop qui guille
Tout l'long d'tin minton
Te pourlèqu'ras tros heur's de long !

L'mos qui vient, d'Saint-Nicolas ch'est
    l'fête
Pour sûr, au soir, y viendra t'trouver
Y t'f'ra un sermon et t'laich'ra mette
Ind'zous du ballot un grand painnier
Y l'rimplira, si t'es sache
D'séquois qui t'rindront bénache
Sans cha, sin baudet,
T'invoira un grand martinet.

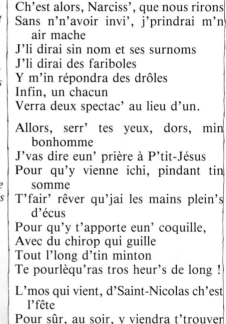

104

Ni les marionnett's, ni l'pain d'épice
N'ont produit d'effet. Mais l'martinet
A vit' rappajé l'petit Narcisse
Qui craignot d'vir arriver l'baudet
Il a dit s'canchon-dormoire
S'mèr' l'a mis dins s'n ochennoire
A r'pris sin coussin
Et répété vingt fos che r'frain :

Dors, min p'tit quinquin...

Naturellement, après les promesses, la maman, en désespoir de cause, promet aussi... le martinet.

105

Doudou à moué

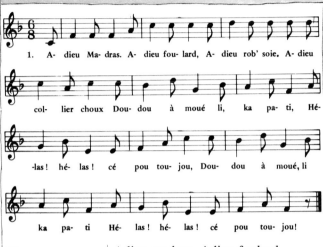

1. A- dieu Ma- dras. A- dieu fou- lard, A- dieu rob' soie. A- dieu col- lier choux Dou- dou à moué li, ka pa- ti, Hé- -las ! hé- las ! cé pou tou- jou, Dou- dou à moué, li ka pa- ti Hé- las ! hé- las ! cé pou tou- jou !

Chanson traditionnelle du folklore martiniquais. L'île de la Martinique, découverte par Christophe Colomb en 1502, est française depuis 1634. Cet air doux et gai, ces paroles en créole expriment admirablement la joie d'y vivre mais aussi la tristesse que cause l'éloignement de celle qu'on aime...

Adieu madras. Adieu foulard,
Adieu rob'soie. Adieu collier choux
Doudou à moué, li ka pati
Hélas ! hélas ! cé pou toujou ! } *(bis)*

Bonjou Missié le Gouverneur
Moué vini té oune pétition
Pour mande ou autorisation
Afin laissé Doudou moué ici. } *(bis)*

Non, non, non, non, déjà trop tard,
Bâtiment a déjà sur la bouée,
Non, non, non, non, déjà trop tard,
Dans un instant il va appareiller.

Adieu madras. Adieu foulard,
Adieu grains d'or, Adieu collier
    choux.
Doudou à moué, li ka pati
Hélas ! hélas ! cé pou toujou !

Ma Normandie

1. Quand tout renaît à l'espérance Et que l'hiver fuit loin de nous, Sous le beau ciel de notre France Quand le soleil revient plus doux ; Quand la nature est reverdie, Quand l'hirondelle est de retour, J'aime à revoir ma Normandie, C'est le pays qui m'a donné le jour.

Cette chanson qui date de la fin du siècle dernier est un exemple typique de ces chansons nostalgiques

Quand tout renaît à l'espérance
Et que l'hiver fuit loin de nous,
Sous le beau ciel de notre France
Quand le soleil revient plus doux ;
Quand la nature est reverdie,
Quand l'hirondelle est de retour,
J'aime à revoir ma Normandie,
C'est le pays qui m'a donné le jour.

J'ai vu les champs de l'Helvétie
Et ses chalets et ses glaciers ;
J'ai vu le ciel de l'Italie
Et Venise et ses gondoliers.
En saluant chaque patrie
Je me disais : aucun séjour
N'est plus beau que ma Normandie,
C'est le pays qui m'a donné le jour.

Il est un âge dans la vie
Où chaque rêve doit finir,
Un âge où l'âme recueillie
A besoin de se souvenir.
Lorsque ma muse refroidie
Aura fini ses chants d'amour ;
J'irai revoir ma Normandie,
C'est le pays qui m'a donné le jour.

*des provinciaux
exilés loin
de leur sol
natal.*

Les gars de Locminé

Refrain

Sont, sont, sont les gars de Loc-mi-né, Qui ont de la mail-let-te, Qui ont de la mail-let-te; Sont, sont, sont les gars de Loc-mi-né, Qui ont de la mail-let-te, Des-sous leurs sou-liers.

1. Mon père et ma mè-re d'Loc-mi-né y sont. D'Loc-mi-né y sont. Ils ont fait pro--mes-se Qu'ils me ma-rie-ront.

Les maillettes sont de gros clous dont on ferrait autrefois les semelles de chaussure.

Refrain

Sont, sont, sont les gars de Locminé,
Qui ont de la maillette,
Qui ont de la maillette ;
Sont, sont, sont les gars de Locminé,
Qui ont de la maillette,
Dessous leurs souliers.

Mon père et ma mère d'Locminé y
   sont.
D'Locminé y sont.
Ils ont fait promesse qu'ils me
   marieront.

Ils ont fait promesse qu'ils me
   marieront.
Qu'ils me marieront.
Mais s'ils me marient s'en
   repentiront.

Je vendrai leur terre, sillon par
   sillon.

Au dernier bout d'terre, bâtirai
   maison.

Et si le roi passe, nous l'inviterons.

Et s'il veut des crêpes, nous lui en
   ferons.

Les compagnons de la Marjolaine

1. Qu'est-c' qui passe i- ci si tard, Com-pa-gnons de la Mar- jo- lai- ne, Qu'est-c'qui passe i- ci si tard, Gai, gai, des- sus le quai ?

Le chevalier du guet était le chef des soixante hommes qui, durant toute la nuit, patrouillaient dans les rues de Paris pour assurer la sûreté

Qu'est-c' qui passe ici si tard,
Compagnons de la Marjolaine,
Qu'est-c' qui passe ici si tard,
Gai, gai, dessus le quai ?

C'est le chevalier du guet,
Compagnons de la Marjolaine,
C'est le chevalier du guet,
Gai, gai, dessus le quai.

Que demande le chevalier,
Compagnons de la Marjolaine ?
Que demande le chevalier,
Gai, gai, dessus le quai ?

Une fille à marier,
Compagnons de la Marjolaine,
Une fille à marier,
Gai, gai, dessus le quai.

Sur les minuit repassez,
Compagnons de la Marjolaine,
Sur les minuit repassez,
Gai, gai, dessus le quai.

Voilà les minuit passés,
Compagnons de la Marjolaine,
Voilà les minuit passés,
Gai, gai, dessus le quai.

de la ville, celle des reliques de la Sainte-Chapelle, comme celle des biens et des marchandises. Ils portaient également secours dans les incendies, fréquents à l'époque où les maisons étaient en bois. Les Compagnons de la Marjolaine étaient très populaires pour les nombreux services qu'ils rendaient.

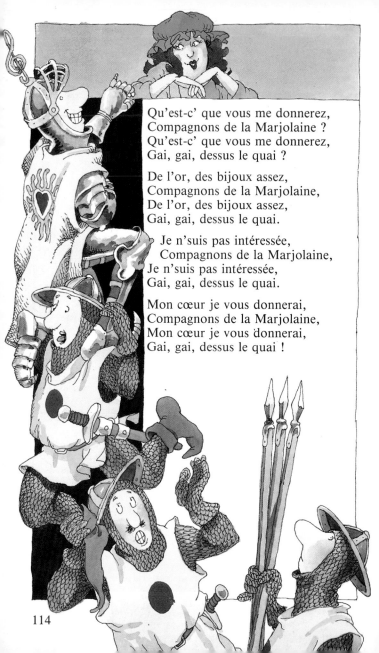

Qu'est-c' que vous me donnerez,
Compagnons de la Marjolaine ?
Qu'est-c' que vous me donnerez,
Gai, gai, dessus le quai ?

De l'or, des bijoux assez,
Compagnons de la Marjolaine,
De l'or, des bijoux assez,
Gai, gai, dessus le quai.

Je n'suis pas intéressée,
Compagnons de la Marjolaine,
Je n'suis pas intéressée,
Gai, gai, dessus le quai.

Mon cœur je vous donnerai,
Compagnons de la Marjolaine,
Mon cœur je vous donnerai,
Gai, gai, dessus le quai !

Ne pleure pas, Jeannette

1. Ne pleu- re pas, Jean- net — te,

Tra la la la la la la la la la la

la la— Ne pleu- re pas, Jean- net — te, Nous

te ma- ri- e- rons, Nous te ma- ri- e- rons,

Ne pleure pas, Jeannette,
Tra la la la la la la la la la la la la,
Ne pleure pas, Jeannette,
Nous te marierons. *(bis)*

Avec le fils d'un prince, Tra la la...
Avec le fils d'un prince,
Ou celui d'un baron. *(bis)*

Je ne veux pas d'un prince
Encor moins d'un baron.

Je veux mon ami Pierre
Celui qu'est en prison.

Tu n'auras pas ton Pierre
Nous le pendouillerons.

Si vous pendouillez Pierre
Pendouillez-moi avec.

Et l'on pendouilla Pierre
Et la Jeannette avec.

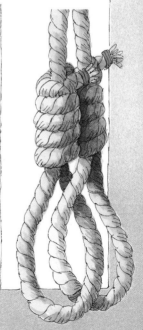

Dans les prisons de Nantes

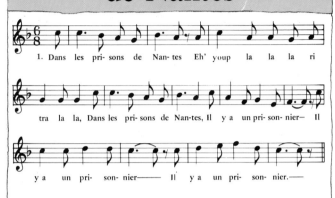

1. Dans les pri- sons de Nan- tes Eh' youp la la la ri tra la la, Dans les pri- sons de Nan-tes, Il y a un pri- son- nier— Il y a un pri- son- nier——— Il y a un pri- son- nier.——

À quoi peut penser un prisonnier ? À s'évader bien sûr, et cela par n'importe quel moyen ! Tel est le thème de cette chanson très populaire dans l'ouest de la France et qui remonte très certainement de la fin du XVIIe siècle.

Dans les prisons de Nantes,
Eh' youp la la la ri tra la la,
Dans les prisons de Nantes,
Il y a un prisonnier *(ter)*

Que personne ne va voir
Eh' youp la la la ri tra la la,
Que personne ne va voir
Que la fille du geôlier *(ter)*

Elle lui porte à boire,
À boire et à manger.

Et des chemises blanches
Quand il veut en changer.

Un jour il lui demande :
- De moi oy'ous parler ?

- Le bruit court par la ville
Que demain vous mourrez.

- Puisqu'il faut que je meure,
Déliez-moi les pieds.

La fille était jeunette,
Les pieds lui a lâchés.

Le galant fort alerte
Dans la mer a sauté.

Quand il fut sur la grève,
Il se mit à chanter :

- Dieu bénisse les filles,
Surtout celle du geôlier.

Si je reviens à Nantes,
Oui, je l'épouserai !

117

Pauvre soldat

1. Pau- vre sol- dat re- vient de guer—— re, tout doux——

Tout mal chaus- sé, tout mal vê- tu, Pau-

-vre sol- dat, d'où re- viens- tu? — Tout doux.

Après des années passées sous les drapeaux, pendant les interminables campagnes militaires du Ier Empire,

Pauvre soldat revient de guerre,
     tout doux (*bis*)
Tout mal chaussé, tout mal vêtu,
Pauvre soldat, d'où reviens-tu ?
     Tout doux.

S'en va trouver dame l'hôtesse,
     tout doux (*bis*)
- Qu'on apporte ici du vin blanc
Que le soldat boive en passant,
     tout doux.

Pauvre soldat se mit à boire,
     tout doux.
Se mit à boire et à chanter.
La belle se mit à pleurer,
     tout doux.

- Qu'avez-vous donc, dame l'hôtesse,
    tout doux.
Regrettez-vous votre vin blanc ?
Que le soldat boit en passant ?
    Tout doux.

- N'est pas mon vin que je regrette,
    tout doux.
Mais c'est la mort de mon mari.
Monsieur, vous ressemblez à lui !
    Tout doux.

- Ah ! dites-moi, dame l'hôtesse,
    tout doux.
Vous aviez de lui trois enfants.
En voilà quatre z'à présent...
    tout doux.

- J'ai tant reçu de tristes lettres,
    tout doux.
Qu'il était mort et enterré,
Que je me suis remariée...
    tout doux.

Pauvre soldat vida son verre,
    tout doux.
Sans remercier, tout en pleurant,
S'en retourna-t-au régiment,
    tout doux !

*il arrive parfois
bien du malheur au
pauvre soldat qui
rentre chez lui...*

Je suis t'un pauvre conscrit

1. Je suis t'un pau-vre cons-crit, tra la la   De l'an mil- le huit cent
dix, tra la la   Faut quit- ter le Lan- gue- do, tra la la
A- vec le sac sur le dos, tra la la tra la la tra la la la la.

Plaignons ensemble le pauvre soldat qui est contraint d'abandonner son pays et les siens pour aller faire la guerre avec Napoléon Ier. Sous la Monarchie, cette tâche n'incombait qu'aux volontaires. Sous le Ier Empire, les jeunes gens de 18 ans à 20 ans « tiraient au sort » : les mauvais numéros (pairs ou impairs selon les années) étaient astreints au service militaire, en général, pour sept ans.

Je suis t'un pauvre conscrit, tra la la
De l'an mille huit cent dix, tra la la
Faut quitter le Languedo, tra la la
Avec le sac sur le dos, tra la la
Tra la la la la.

Le maire, aussi le préfet, tra la la
N'en sont deux jolis cadets, tra la la
Ils nous font tirer z'au sort, tra la la
Pour nous conduire à la mort, tra la la
Tra la la la la.

Adieu donc, mes chers parents,
N'oubliez pas votre enfant,
Crivez-lui de temps en temps.
Pour lui envoyer d' l'argent.

Adieu donc, mon tendre cœur,
Vous consolerez ma sœur,
Vous y direz que Fanfan,
Il est mort z'en combattant.

Qui qu'a fait cette chanson ?
N'en sont trois jolis garçons,
Ils étions faiseux de bas,
Et à c't'heure, ils sont soldats.

Nous irons à Valparaiso

1. Har- di les gars ! Vir' au guin- deau ! Good bye fa- re- well ! Good bye fa- re- well ! Har- di les gars ! A- dieu Bor-deaux ! Hour- -ra ! Oh, Me- xi- co ! Ho ! Ho ! Ho ! Au Cap Horn, il ne fe- ra pas chaud ! Haul a- way ! Hé ! Ou- la tcha-lez ! A fair' la pêch' au ca- cha- lot ! Hal' ma- te- lot ! Hé ! Ho ! Hiss' hé ! Ho !

Valparaiso (qui signifie vallée du Paradis) fut très longtemps le plus grand port de la côte ouest d'Amérique du Sud et le plus important du Chili. Dans une très belle rade, les navires européens

Hardi les gars ! Vir'au guindeau !
Good bye farewell !
Good bye farewell !   *(en chœur)*
Hardi les gars ! Adieu Bordeaux !
Hourra ! Oh Mexico !
Ho ! Ho ! Ho !   *(en chœur)*
Au Cap Horn il ne fera pas chaud !
Haul away !
Hé ! Oula tchalez !   *(en chœur)*
A fair' la pêch' au cachalot !
Hal' matelot !
Hé! Ho! Hiss' hé! Ho!   *(en chœur)*

Plus d'un y laissera sa peau !
Good bye farewell ! *(bis)*
Adieu misèr' adieu bateau !
Hourra ! Oh Mexico !
Ho ! Ho ! Ho !
Et nous irons à Valparaiso !
Haul away !
Hé ! Oula tchalez !
Où d'autr'y laisseront leurs os !
Hal' matelot !
Hé ! Ho ! Hiss'hé ! Ho !

Ceux qui r'viendront pavillon haut !
Good bye farewell ! *(bis)*
C'est Premier Brin de matelot !
Hourra ! Oh Mexico !
Ho ! Ho ! Ho !
Pour la bordée ils seront à flot !
Haul away !
Hé ! Oula tchalez !
Bons pour le rack, la fill', le couteau !
Hal' matelot !
Hé ! Ho ! Hiss'hé ! Ho !

amenaient des cotonnades, des soieries, des meubles, des articles de Paris pour en revenir chargés d'argent, d'étain, de cuivre et de cuirs. Pour les marins de commerce qui s'y rendaient en doublant le redoutable Cap Horn, c'était une aventure. Toutes les chansons de mer accompagnaient les manœuvres. Ainsi, Nous irons à Valparaiso, composée en 1811, est une chanson à virer : virer le guindeau ou cabestan, pour lever l'ancre.

Passant par Paris

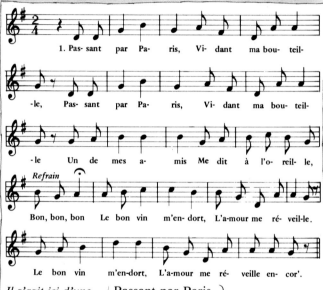

1. Pas- sant par Pa- ris, Vi- dant ma bou- teil-

-le, Pas- sant par Pa- ris, Vi- dant ma bou- teil-

-le Un de mes a- mis Me dit à l'o- reil- le,

Refrain
Bon, bon, bon Le bon vin m'en- dort, L'a-mour me ré- veil-le.

Le bon vin m'en-dort, L'a-mour me ré- veille en- cor'.

Il s'agit ici d'une vieille complainte de matelots antérieure à la Révolution. Connue surtout dans la marine en bois des siècles passés, elle ne fit la conquête de Paris qu'en 1870, lorsque les Prussiens, après leur victoire de Sedan sur l'armée de Napoléon III, vinrent assiéger la

Passant par Paris,
Vidant la bouteille ⎫ *(bis)*
Un de mes amis
Me dit à l'oreille.

Refrain
Bon, bon, bon
Le bon vin m'endort,
L'amour me réveille.
Le bon vin m'endort,
L'amour me réveille encor'.

Un de mes amis ⎫ *(bis)*
Me dit à l'oreille :
- Jean prends garde à toi
L'on courtis' ta belle.

124

\- Courtis' qui voudra
Je me fie en elle.

J'ai eu de son cœur
La fleur la plus belle.

Dans un beau lit blanc,
Gréé de dentelles.

J'ai eu trois garçons,
Tous trois capitaines.

L'un est à Bordeaux,
L'autr' à La Rochelle.

L' plus jeune à Paris
Courtisant les belles.

Et l' père est ici,
Qu' hal' sur la ficelle.

*capitale française
le 18 septembre
1870. Car c'était
alors des marins
qui servaient les
canons dans les
forts qui
entouraient Paris.
Ils apportèrent
cette chanson à
virer au cabestan.*

125

Jean-François de Nantes

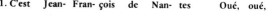

1. C'est Jean-Fran-çois de Nan-tes Oué, oué,

oué. Ga-bier de la Frin-gante Oh! Mes bouées Jean François.

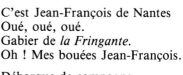

C'est Jean-François de Nantes
Oué, oué, oué.
Gabier de *la Fringante*.
Oh ! Mes bouées Jean-François.

Débarque de campagne
Oué, oué, oué.
Fier comme un roi d'Espagne.
Oh ! Mes bouées Jean-François.

En vrac dedans sa bourse
Il a vingt mois de course.

Une montre, une chaîne
Qui vaut une baleine.

Branl'bas chez son hôtesse
Carambole et largesses.

La plus belle servante
L'emmèn' dans sa soupente.

De concert avec elle
Navigue sur mer belle.

En vidant la bouteille
Tout son or appareille.

126

Montre, chaîn' se balladent.
Jean-François est malade.

A l'hôpital de Nantes
Jean-François se lamente,

Et les draps de sa couche
Déchire avec sa bouche.

Pauvr' Jean-François de Nantes
Gabier de *la Fringante*.

Une chanson à hisser qui accompagnait donc les efforts des marins lorsqu'ils hissaient les voiles. Le gabier était le matelot chargé de l'entretien, de la manœuvre des voiles, du gréement.

Le pont de Morlaix

1. C'est en pas- sant sur l'pont d'Mor- laix

Haul a- way! Old fel- low a- way! La bell' Hé- lèn, j'ai

ren- con- tré. Haul a- way! Old fel- low a- way!

Contrairement à l'antique pont d'Avignon, le pont de Morlaix n'a été construit qu'à la fin du siècle dernier pour permettre au chemin de fer naissant de franchir le confluent des deux rivières, le Sarlot et le Quefflent qui coupent la ville. Ce

C'est en passant sur l'pont d'Morlaix
Haul away !
Old fellow away ! } *(en chœur)*
La bell' Hélèn' j'ai rencontré.
Haul away !
Old fellow away ! } *(en chœur)*

Bien humblement j'lai saluée
Haul away !
Old fellow away ! } *(en chœur)*
D'un doux sourir' ell' m'a r'mercié
Haul away !
Old fellow away ! } *(en chœur)*

Mais j'ai bien vu qu'c'est charité
Haul away !
Old fellow away !
Car c'est un' dam' de qualité
Haul away !
Old fellow away !

C'est la fill' d'un cap'tain' nantais
Haul away !
Old fellow away !
A matelot n'sera jamais
Haul away !
Old fellow away !

Pour nous sont les garces des quais
Haul away !
Old fellow away !
Qui vol', qui mentent, qui font tuer
Haul away !
Old fellow away !

Je n'étal' plus, j'vas tout larguer
Haul away !
Old fellow away !
J'vas fair' mon trou dans la salée
Haul away !
Old fellow away !

Mat'lots, mon cœur est embrumé
Haul away !
Old fellow away !
Buvons quand mêm' à sa beauté
Haul away !
Old fellow away !

Encor' un coup pour étarquer
Haul away !
Old fellow away !
Hiss' le grand foc, tout est payé
Haul away !
Old fellow away !

gigantesque viaduc est divisé en deux étages : le supérieur soutenu par 14 arches et l'inférieur par 9. Un passage pour piétons a été aménagé entre ces deux étages, et c'est là que les marins pouvaient faire des rencontres...

La Danaé

1. L'é- tait u-. ne fré- ga- te, lon, la, L'é-
-tait u- ne fré- ga- te C'é- tait la Da- na- é.
Lar- guez les ris dans les bass' voi- les C'é- tait
la Da- na- é Lar-guez les ris dans les hu- niers—

Chanson de gaillard d'avant, du XVIIIᵉ siècle. Sur les grands voiliers, le gaillard d'avant était la partie extrême située à l'avant du grand mât, où se trouvait le poste d'équipage. C'est sur le gaillard d'avant que les matelots, pendant leurs moments de repos, se contaient des histoires de mer et chantaient.

L'était une frégate, lon, la,
L'était une frégate
C'était la Danaé.
Larguez les ris dans les bass' voiles,
C'était la Danaé.
Larguez les ris dans les huniers.

A son premier voyage, lon, la,
A son premier voyage,
La frégate a sombré.
Larguez les ris dans les bass' voiles,
La frégate a sombré.
Larguez les ris dans les huniers.

Et de tout l'équipage
Un gabier s'a sauvé.

Il abord' sur la plage
Il savait bien nager.

Mais là sur le rivage,
Une belle éplorée.

Belle comm' un' frégate
Française et pavoisée.

- Pourquoi pleurer la belle,
Pourquoi si tant pleurer ?

- Je pleur' mon... avantage,
Dans la mer qu'est tombé

- Et qu'aurait donc la belle
Celui qui vous l'rendrait ?

- Lui en ferais offrande,
Avec mon amitié.

A la première plongée,
L'marin n'a rien trouvé.

A la centième plongée,
Le pauvre s'a noyé.

Car jamais... avantage
Perdu n'est retrouvé.

Sont les fill's de La Rochelle

1. Sont les fill's de La Ro- chel- le Ont ar-mé un bâ-ti- ment, Ont ar- mé un bâ-ti- ment Pour al--ler fai- re la cour- se De-dans les mers du – Le-vant. Ah ! la

Refrain

feuil- le s'en- vo- le, s'en- vo- le Ah ! la feuille s'en-vole au vent!

Chanson de gaillard d'avant du temps des corsaires (début du XVIIIe siècle).

Sont les fill's de La Rochelle
Ont armé un bâtiment *(bis)*
Pour aller faire la course
Dedans les mers du Levant.

Refrain
Ah ! la feuille s'envole, s'envole
Ah ! la feuille s'envole au vent !

La grand'vergue est en ivoire
Les poulies en diamant *(bis)*
La grand'voile est en dentelle
La misaine en satin blanc.

Les cordages du navire
Sont des fils d'or et d'argent
Et la coque est en bois rouge
Travaillé fort proprement.

L'équipage du navire
C'est tout filles de quinze ans
Le cap'taine qui les commande
Est le roi des bons enfants.

Hier faisant sa promenade
Dessus le gaillard d'avant
Aperçut une brunette
Qui pleurait dans les haubans.

Qu'avez-vous, jeune brunette,
Qu'avez-vous à pleurer tant ?
Av'vous perdu père et mère
Ou quelqu'un de vos parents.

J'ai perdu la rose blanche
Qui s'en fut la voil' au vent
Elle est partie vent arrière
Reviendra-z-en louvoyant.

Le trente-et-un du mois d'août

1. Le trente et un du mois d'août Nous vîm's venir sous l'vent à nous, U-ne fré-ga-te d'An-gle-ter-re Qui fen-dait l'air et puis les flots C'était pour al-ler à Bordeaux.

R. Bu-vons un coup, bu-vons en deux A la san-té des a-mou-reux, A la san-té du Roi de Fran-ce, Et m. pour le Roi d'An-gle-terr', Qui nous a dé-cla-ré la guerre.

Refrain

Buvons un coup, buvons en
   deux
A la santé des amoureux,   } *(bis)*

A la santé du Roi de France,
   Et m… pour le Roi
      d'Angleterre,   } *(bis)*
Qui nous a déclaré la guerre.

Le commandant du bâtiment
Fit appeler son lieutenant   } *(bis)*

- Lieutenant, te sens-tu capable
Dis-moi, te sens-tu assez fort
Pour prendre l'Anglais de
   plein bord ?   } *(bis)*

Le lieutenant, fier z'et hardi
Lui répondit : - Capitain', oui
Faites branl'bas dans l'équipage
Je vas z'hisser not' pavillon
Qui rest'ra haut, nous le jurons.

134

Le maître donne un coup d'sifflet
Pour fair' monter les deux bordées
Tout est paré pour l'abordage
Hardis gabiers, fiers matelots
Brav's canonniers, mousses petiots.

Vir'lof pour lof, en arrivant
Je l'abordions par son avant
A coups de haches et de grenades
De pieux, de sabr'z et mousquetons
En trois cinq-sec je l'arrimions.

Que dira-t-on du grand raffiot
A Brest, à Londres et à Bordeaux
Qu'a laissé prendr' son équipage
Par un corsair' de dix canons
Lui qu'en avait trente et si bons ?

Cette chanson commémore le combat du 31 août 1800 au cours duquel le corsaire Surcourf qui commandait la Confiance, captura le navire anglais Kent, monté par quatre cents hommes d'équipage avec trente-huit canons.

Chevaliers de la Table ronde

1. Che- va- liers de la Ta- ble ron- de, Goû- tons voir si le vin est bon, Che- va- liers de la Ta- ble ron- de, Goû- tons voir, si le vin est bon. Goû-tons voir, oui, oui, oui, Goû-tons voir, non, non, non, Goû-tons voir si le vin est bon, Goû-tons voir, oui, oui, oui, Goû-tons voir, non, non, non, Goûtons voir si le vin est bon.

Chevaliers de la Table ronde,
Goûtons voir si le vin est bon. } *(bis)*

Goûtons voir, oui, oui, oui,
Goûtons voir, non, non, non,
Goûtons voir si le vin est bon. } *(bis)*

S'il est bon, s'il est agréable,
J'en boirai jusqu'à mon plaisir. } *(bis)*

J'en boirai, oui, oui, oui,
J'en boirai, non, non, non,
J'en boirai jusqu'à mon
plaisir. } *(bis)*

Si je meurs, je veux qu'on m'enterre
Dans la cave où il y a du bon vin.

Les deux pieds contre la muraille
Et la tête sous le robinet.

Et les quatre plus grands ivrognes
Porteront les quatr' coins du drap.

Pour donner le discours d'usage
On prendra le bistrot du coin.

Et si le tonneau se débouche,
J'en boirai jusqu'à mon plaisir.

Et s'il en reste quelques gouttes,
Ce sera pour nous rafraîchir.

Sur ma tombe, je veux qu'on
    inscrive :
Ici gît le roi des buveurs.

Universellement connus, cet air et ces paroles ne sont pas plus anciens que ce siècle.

Chantons la vigne

1. Chan- tons la vi- gne, La voi- là la jo- li'
vi- gne, Vi- gni, vi- gnons, vi- gnons le vin, La voi- là la jo- li'
vigne au vin, La voi- là la jo- li' vi- gne.

À l'époque où on foulait pieds nus les raisins dans les cuves, après les vendanges, les fouleurs avaient coutume de chanter des airs cadencés qui rythmaient leur travail.

Chantons la vigne,
La voilà la joli' vigne,
Vigni, vignons, vignons le vin,
La voilà la joli' vigne au vin,
La voilà la joli' vigne.

De vigne en terre,
La voilà la joli' terre,
Terri, terrons, terrons
    le vin,
La voilà la joli' vigne
    au vin,
La voilà la joli' vigne.

De terre en cep.

De cep en pousse.

De pousse en feuille.

De feuille en fleur.

De fleur en grappe.

De grappe en cueille.

De cueille en hotte.

De hotte en cuve.

De cuve en presse.

De presse en tonne.

De tonne en cave.

De cave en perce.

De perce en cruche.

De cruche en verre.

De verre en trinque.

De trinque en bouche.

De bouche en ventre.

De ventre en terre.

De terre en cep. Etc.

La Bourgogne

1. Au sein d'une vigne j'ai reçu le jour, Ma mère était digne De tout mon amour, Depuis ma naissance Elle m'a nourri En reconnaissance Mon cœur la chérit.

Refrain
Joyeux enfant de la Bourgogne, Je n'ai jamais eu de guignon. Quand je vois rougir ma trogne, Je suis fier d'être bourguignon ! Joyeux -gnon.

Voici l'une de ces nombreuses chansons de vignerons à la gloire du vin de Bourgogne.

Refrain
Joyeux enfant de la Bourgogne,
Je n'ai jamais eu de guignon.
Quand je vois rougir ma trogne,
Je suis fier d'être Bourguignon !
(Les quatre vers sont repris deux fois)

Au sein d'une vigne
J'ai reçu le jour,
Ma mère était digne
De tout mon amour,
Depuis ma naissance
Elle m'a nourri,
En reconnaissance
Mon cœur la chérit.

Toujours la bouteille
A côté de moi,
Buvant sous ma treille,
Plus heureux qu'un roi.
Jamais je m'embrouille,
Car chaque matin,
Je me débarbouille
Dans un verre de vin !

Madère et Champagne
Approchez un peu ;
Et vous, vins d'Espagne,
Jetez tous vos feux ;
Amis de l'ivrogne,
Réclamez vos droits,
Devant la Bourgogne,
Saluez trois fois !

Puisque tout succombe
Un jour je mourrai.
Jusque dans la tombe
Toujours je boirai.
Je veux qu' dans la bière,
Où sera mon corps,
On y mette un verre
Rempli jusqu'aux bords.

Fanchon

1. A- mis, il faut faire u- ne pau — se, J'a- per- çois l'om- bre d'un bou- chon- Bu- vons — à l'ai- ma- ble Fan- -chon, Chan- tons pour el- le quel- que cho — se.

Refrain

Ah ! Que son en- tre- tien est doux, Qu'elle a de mé- rite et de gloi — re, — Elle ai — me à rire, elle aime à boi- -re, — Elle ai — me à chan- ter com- me nous, Elle aime à rire, elle aime à boire, Elle aime à chan- ter com- me nous,– Elle aime à rire, elle aime à boi- re, — Elle aime à chan- ter com- me nous, Oui, com- me nous —

Amis, il faut faire une pause,
J'aperçois l'ombre d'un bouchon,
Buvons à l'aimable Fanchon,
Chantons pour elle quelque chose.

Refrain

Ah ! Que son entretien est doux,
Qu'elle a de mérite et de gloire,
Elle aime à rire, elle aime
  à boire,
Elle aime à chanter   *(ter)*
  comme nous,
Oui, comme nous.

Fanchon quoique bonne chrétienne,
Fut baptisée avec du vin,
Un Bourguignon fut son parrain,
Une Bretonne sa marraine.

Fanchon préfère la grillade
A tous les mets plus délicats.
Son teint prend un nouvel éclat
Quand on lui verse une rasade.

Fanchon ne se montre cruelle
Que lorsqu'on lui parle d'amour,
Mais moi je ne lui fais la cour
Que pour m'enivrer avec elle.

Chanson à boire répandue dans les armées napoléoniennes. L'air était cependant connu dès 1766 où elle était chantée avec d'autres paroles, dues à l'abbé de l'Atteignant.

143

Se Canto, que canto

1. Des- sous ma fe— nê- tre Y'a un oi- se-
-let, Tou- te la nuit chan- te, Chan- te sa chan-
Refrain
-son. S'il chan- te, qu'il- chan- te. Ce n'est pas pour
moi, Mais c'est pour ma mi- e Qui est loin de— moi.

Chanson d'amour
à leurs montagnes
et à leurs mies
que lançaient
en langue d'oc

Refrain

S'il chante, qu'il chante.
Ce n'est pas pour moi,
Mais c'est pour ma mie
Qui est loin de moi.

Ces fières montagnes
A mes yeux navrés
Cachent de ma mie
Les traits bien-aimés.

Baissez-vous montagnes
Plaines, haussez-vous
Que mes yeux s'en aillent
Où sont mes amours.

Les chères montagnes
Tant s'abaisseront
Qu'à la fin ma mie
Mes yeux reverront.

Debat ma fennestro
A un aouselou,
Touto la ney canto
Canto pas per you.

Refrain
Se canto, que canto.
Canto pas per you,
Canto per ma mio
Qu'es allen de you.

Aquellos montagnos
Que tan hautos soun
M'empachon de veyre
Mas amours oun soun.

Bassas-bous montagnos
Plano aoussas-bous
Per que posqui bere
Mas amours oun soun.

Aquellos montagnos
Tant s'abacharan
Et mas amourettos
Se rapproucharan.

*les montagnards
des Pyrénées.
Sa douceur et son
harmonie en ont
fait une sorte
de* Marseillaise
*des gens du Midi
comme de la
France entière,
depuis plus
de cent ans.*

145

Les montagnards

Mon- ta- gnes Py- re- né— es, — Vous

ê- tes mes a— mours— Ca- ba- nes for- tu- né—

—es,— Vous me plai- rez tou— jours,— Rien n'est si

beau que ma pa- tri— e — Rien ne plaît

tant à mon a- mi ———— e, O mon- ta-

-gnards, O mon- ta- gnards,— Chan- tez en chœurs Chan-tez en

chœurs De mon pa- ys de mon pa- ys La paix et le bon-

Refrain

-heur La, la, la, la, la, la, la, la, la,

la, La, la, la, la, la, la, la, la, la, la—

146

Halte-là, Hal-te-là, Hal-te-là, Les mon-ta-gnards, les mon-ta-gnards. Hal-te-là, Hal-te-là, Hal-te-là, Les mon-ta-gnards sont là, les mon-ta-gnards, les mon-ta-gnards, Les mon-ta-gnards——— sont— là.

Sur la cime argentée,
De ces pics orageux,
La nature domptée
Favorise nos jeux.
Vers les glaciers d'un plomb rapide,
J'atteins souvent l'ours intrépide !
Et sur les monts,
Plus d'une fois,
J'ai devancé
La course du chamois !

Déjà dans la vallée,
Tout est silencieux.
La montagne voilée
Se dérobe à nos yeux...
On n'entend plus dans la nuit
    sombre,
Que le torrent mugir dans l'ombre.
O montagnards
Chantez plus bas,
Thérèse dort
Ne la réveillons   pas !

Le vieux chalet

1. Là-haut sur la montagne L'é-tait un vieux cha-let ; Là-haut sur la mon-ta-gne L'é-tait un vieux cha-let ; Murs blancs, toit de bar-deaux, De-vant la porte un vieux bouleau. Là-haut sur la mon-ta——gne L'é-tait un vieux cha-let.

Sur un air suisse ancien, on a écrit des paroles modernes qui ont connu, durant la dernière guerre, un immense succès

Là-haut sur la montagne
L'était un vieux chalet ; } *(bis)*
Murs blancs, toit de bardeaux,
Devant la porte un vieux bouleau.
Là-haut sur la montagne
L'était un vieux chalet.

Là-haut sur la montagne
Croula le vieux chalet ; } *(bis)*
La neige et les rochers
S'étaient unis pour l'arracher.
Là-haut sur la montagne
Croula le vieux chalet.

Là-haut sur la montagne,
Quand Jean vint au chalet ;
Pleura de tout son cœur
Sur les débris de son bonheur.
Là-haut sur la montagne,
Quand Jean vint au chalet.

Là-haut sur la montagne
L'est un nouveau chalet ;
Car Jean d'un cœur vaillant
L'a rebâti plus beau qu'avant.
Là-haut sur la montagne
L'est un nouveau chalet.

*en France occupée.
Cette chanson
symbolisait, pour
les jeunes, l'espoir
d'une libération.
On avait même
pris l'habitude de
la chanter debout,
comme on le fait
pour un hymne
national.*

Dans les bois
de Toulouse

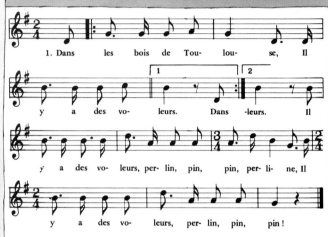

1. Dans les bois de Tou- lou- se, Il y a des vo- leurs. Dans -leurs. Il y a des vo- leurs, per- lin, pin, pin, per- li- ne, Il y a des vo- leurs, per- lin, pin, pin !

Les voleurs de tous genres, malandrins, vide-goussets et tire-laine ont de tout temps fasciné le peuple, soit parce qu'il en a peur, soit qu'il les admire de braver les forces de l'ordre. Ces deux sentiments ont inspiré de nombreuses chansons dont celle-ci, que les enfants chantaient déjà dans le Languedoc sous Louis XIII et dont la fin est morale.

Dans les bois de Toulouse,
Il y a des voleurs. } *(bis)*

Il y a des voleurs perlin, pin, pin,
   perline,
Il y a des voleurs perlin, pin, pin !

Ils sont au moins cinquante
Cachés dans les fourrés. } *(bis)*

Cachés dans les fourrés perlin, pin,
   pin, perline,
Cachés dans les fourrés perlin, pin,
   pin !

Ils se disent entre eux :
- Ne vois-tu rien venir ?

- Je vois venir un homme,
Sur un cheval monté !

- Arrête ici, brave homme !
Et as-tu de l'argent ?

- J'en ai mes pleines poches,
Et puis plein mes deux gants !

- Alors donne ta bourse
Ou sinon je te tue.

- Tenez ! voici ma bourse,
Mais laissez-moi la vie !

Mais la maréchaussée
Fut vite prévenue.

Les gendarmes s'amènent
Montés sur des chevaux !

Dans les bois de Toulouse
Les voleurs furent pendus.

Dans les bois de Toulouse
Il n'y a plus d'voleurs.

Chant des adieux

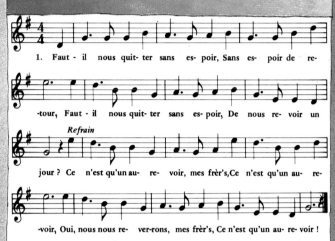

1. Faut- il nous quit-ter sans es- poir, Sans es- poir de re- tour, Faut- il nous quit- ter sans es- poir, De nous re- voir un jour ? Ce n'est qu'un au- re- voir, mes frèr's, Ce n'est qu'un au- re- voir, Oui, nous nous re- ver-rons, mes frèr's, Ce n'est qu'un au- re- voir !

C'est sur une très vieille mélodie celte, populaire en Écosse, que fut composé, vers 1750, le chant mélancolique intitulé Auld Lang Syne, *dont nous donnons ici la traduction.*
Ces paroles et cet air devinrent l'un des chants traditionnels de la Franc-Maçonnerie anglaise. Puis, vers 1920, la beauté de la mélodie inspira le R.P. Sevin qui écrivit les paroles

Peut-on oublier ses amis,
Ne pas s'en souvenir ?
Peut-on oublier ses amis,
Et les beaux jours passés ?

Refrain

Amis, à nos doux souvenirs,
À nos heures d'allégresse,
Vidons la coupe d'amitié
Avant de nous quitter.

Mon cher ami voici ma main
Et donne-moi la tienne.
Formons la chaîne d'amitié
Avant de nous quitter.

La belle amitié qui nous lie
Jamais ne passera !
Gardons toujours fidèle en nous
La mémoire du passé.

Faut-il nous quitter sans espoir,
Sans espoir de retour,
Faut-il nous quitter sans espoir,
De nous revoir un jour ?

Refrain
Ce n'est qu'un au revoir, mes frèr's,
Ce n'est qu'un au revoir,
Oui, nous nous reverrons, mes frèr's,
Ce n'est qu'un au revoir !

Formons de nos mains qui s'enlac'nt
Au déclin de ce jour,
Formons de nos mains qui s'enlac'nt
Une chaîne d'amour.

Unis par cette douce chaîne
Tous, en ce même lieu.
Unis par cette douce chaîne
Ne faisons point d'adieu.

Car Dieu qui nous voit tous ensemble
Et qui va nous bénir,
Car Dieu qui nous voit tous ensemble
Saura nous réunir.

*que nous reprenons
maintenant et qui
sont devenues
populaires.*

La Marseillaise

1. Al- lons en- fants de la pa- tri— e, Le jour de gloire est ar- ri- vé, Con- tre nous de la ty- ran- ni- e, L'é- ten- dard san- glant est le- vé ! L'é- ten- dard— san- glant est le- vé! En- ten- dez- vous dans les cam- pa- gnes Mu- gir ces fé- ro- ces sol- dats, — Ils vien- nent jus- que dans vos bras E- gor- ger nos fils,— vos com- pa- gnes. Aux ar— mes, ci- toy- ens! For- mez— vos ba- tail- lons ! Mar- chons, Mar- chons, Qu'un sang im- pur— A- breu— ve nos sil- lons.

Allons enfants de la patrie,
Le jour de gloire est arrivé.
Contre nous de la tyrannie,
L'Étendard sanglant est levé *(bis)*
Entendez-vous dans les campagnes
Mugir ces féroces soldats,
Ils viennent jusque dans vos bras
Égorger vos fils, vos compagnes.

Refrain

Aux armes, citoyens !
Formez vos bataillons !
Marchons, marchons,
Qu'un sang impur
Abreuve nos sillons.

Que veut cette horde d'esclaves,
De traîtres, de rois conjurés ?
Pour qui ces ignobles entraves,
Ces fers dès longtemps
  préparés ? *(bis)*
Français, pour nous, ah ! quel
  outrage,
Quels transports il doit exciter ?
C'est nous, qu'on ose méditer
De rendre à l'antique esclavage !

Quoi, des cohortes étrangères
Feraient la loi dans nos foyers ?
Quoi, des phalanges mercenaires
Terrasseraient nos fiers guerriers ?
Grand Dieu !... Par des mains
  enchaînées,
Nos fronts sous le joug ploieraient,
De vils despotes deviendraient
Les maîtres de nos destinées ?

Le chant national français constitue une exception dans la chanson populaire, car on connaît très exactement le jour ou plutôt la nuit qui lui donna naissance. Le 24 avril 1792, parvint à Strasbourg la nouvelle de la déclaration de guerre faite par la jeune République Française à l'Autriche. Aussitôt, le maire de la ville, Dietrich, invita à dîner les volontaires qui s'apprêtaient à rejoindre les armées. Parmi ceux-ci se trouvait un capitaine du génie, ami de la maison, Claude-Joseph Rouget de Lisle. Dietrich pressa cet officier, qu'il savait poète

La Marseillaise

et musicien, de leur chanter un air patriotique.

Le Chant de guerre de l'armée du Rhin *allait avoir tout de suite un immense succès. Le 25 juin 1792, un certain Mirens le chanta pour la première fois à Marseille. On l'y imprima et on en distribua un exemplaire à chaque volontaire du bataillon marseillais qui partait pour Paris. Et c'est aux accents du chant de Rouget de Lisle que ces volontaires entrèrent dans la capitale le 30 juillet suivant. C'est alors que l'hymne reçut le nom de* Chant des Marseillais *et enfin de* Marseillaise.

Tremblez, tyrans ! et vous perfides
L'opprobre de tous les partis,
Tremblez !... vos projets parricides
Vont enfin recevoir leur prix.
Tout est soldat pour vous combattre
S'ils tombent, nos jeunes héros,
La terre en produit de nouveaux
Contre vous tous prêts à se battre.

Français ! en guerriers magnanimes
Portez ou retenez vos coups,
Épargnez ces tristes victimes
A regret s'armant contre nous.
Mais le despote sanguinaire,
Mais les complices de Bouillé,
Tous ces tigres qui, sans pitié,
Déchirent le sein de leur mère.

Amour sacré de la patrie
Conduis, soutiens nos bras vengeurs.
Liberté, liberté chérie
Combats avec tes défenseurs.
Sous nos drapeaux, que la victoire
Assure à tes mâles accents,
Que tes ennemis expirants
Voient ton triomphe et notre gloire !

Strophe des enfants
Nous entrerons dans la carrière
Quand nos aînés n'y seront plus ;
Nous y trouverons leur poussière
Et la trace de leurs vertus.
Bien moins jaloux de leur survivre
Que de partager leur cercueil,
Nous aurons le sublime orgueil
De les venger ou de les suivre !

Biographies

Roland Sabatier est né en 1942, de père Auvergnat et de mère Franc-Comtoise, il avoue avec malice avoir fait de bruyantes études aux Beaux-Arts de Paris dans la section cuivres de la fanfare d'architecture. Il semble avoir abandonné « les cuivres » et la fanfare pour ramasser les champignons et s'adonner à la « charcuterie » : au cœur de l'Auvergne, il tue « au moins deux cochons par an ». Il dessine pourtant beaucoup, pour la presse des loisirs, les ouvrages scolaires et pour Gallimard, dans les collections Folio Cadet et Folio Junior.

Pierre Chaumeil, ancien rédacteur en chef de *L'Auvergnat de Paris,* journaliste en gastronomie, collectionneur en petits objets divers (enclumes, couteaux de poche, pots de moutarde...), éleveur de la race bovine de Salers, militant auvergnat passionné, désespéré de ne pas savoir jouer de la cabrette. Lorsqu'ils se retrouvent, avec Sabatier, à l'ombre de leur clocher commun du Cantal, ils inventent les meilleurs pâtés de couenne de porc et se disputent les prix aux concours de charcuterie artisanale.